経済学の堕落を撃つ

「自由」vs「正義」の経済思想史

中山智香子

講談社現代新書

2596

はじめに

「食べること」＝「生きること」から始める

二一世紀が始まって、すでに二〇年が経過した。変化のスピードは加速し、技術の進歩は著しい。しかし人がひとりひとり、生きていくこと、食べていくことは、どんな時代にも変わることなく重要である。人間は身体を備えた生き物で、長さはさまざまとはいえ、そのいのちには限りがある。

経済とは、人間が限りあるいのちをまっとうできるように、生きていくこと、食べていくことを支える活動であり、仕組みである。

かつて一九世紀のなかば頃、かのカール・マルクスにも影響を与えた哲学者のフォイエルバッハは、「人間はかれが食べるところのものである」と述べた。たしかに人間は生き物として何かを食べ、そのことでみずからを形成する。そしてその過程で、さまざまに他の人びととも関わる。「食べて生きていくこと」は一見、もっとも個人的なことがらのように思われるが、実はきわめて「社会」的なことがらなのである。逆に言えば社会性とは、論理や科学だけでとらえきれるようなものではなく、ましてや「〜イズム」のイデオロギーなどではなく、「食べること」と同等の、もっと根本的で日常的なものなのだ。

いわゆる「経済学」生誕の時代、すなわちアダム・スミスの『国富論』（一七七六年）が刊行された一八世紀後半は、技術の進展にともなって食料事情が大きく改善され、人間の寿命が延びて大幅に人口が増えた時代であった。ここを起点として以後、経済学は一九世紀の産業発展、国境を超えた市場の拡大と経済成長とにともなって、富を増やし、ゆたかさを実現する仕組みを考えるための学問として発展した。それは政治的な自由主義の興隆に支えられ、自由貿易、競争的な市場を範《はん》とする自由主義経済学であった。

しかししばらくすると、その弊害もあらわれてきた。ゆたかさを求めるはずが、むしろ貧困に陥る人びと、過重な労働に疲弊する人びとが少なからず出てきたのだ。この事態を真剣に受け止め、これまでよしとされていたものとは別の経済運営の手法や体制を考える論者があらわれた。そして以後、経済学と経済思想は、政治思想と重ね合わされたり切り離されたりしながら考察されてゆくことになった。

中には、政治体制そのものを根底から変革しなければならないと考える者もいた。そのもっとも顕著な例は、ドイツ出身でイギリスにおいて考察を深めたカール・マルクスであり、またマルクス主義とともに語られる社会主義、共産主義の立場の論者たちであった。社会主義やマルクス主義の系譜は二一世紀の現代世界にもさまざまなかたちで引き継がれ、今なお資本主義や自由主義を批判する際の重要な理論的バックボーンを成している。またマルクス自身に関する研究も、今もなお、さまざまなかたちで続けられている。

二〇世紀にはソビエト社会主義共和国連邦が成立し、また同じ世紀のなかばには中国で独自のマルクス主義国家体制が成立した。そのため、社会主義、共産主義を考える際には両国の現実を視野に入れざるをえなくなった。しかし、ソ連崩壊後のロシアや現在の中国の体制をどう位置づけるのかについては、今なお定まった見方はない。たんに世界中がグローバルな資本主義という一つの体制に統合されたと見るには両国は、国としての運営の仕方があまりにも違いすぎるからである。錯綜する現代の政治・経済問題の解決にはどのような政治体制、あるいは経済体制がよいのか、世界中で依然として暗中模索が続いている。しかし少なくとも、経済との関わりにおいて政治を考えることは、必ずしも特定の体制や政党政治に賛同することでないことは最低限、確認しておくべきだろう。

科学と経済

一九七〇年代頃から、経済成長にともなう弊害は、一国の政治や経済の体制の違いを超え、世界規模、地球規模で広がると認識されるようになってきた。過重な労働は重篤な、ときには死に至るほどの疲労や疾病を引き起こした。また経済活動のために自然環境を改変したことが、人間の生存の根幹を揺るがし始めた。この頃、経済学の危機が叫ばれ始めたのは偶然ではなかった。人間もまた自然界の一部であり、経済活動も人間の内外に広がる「ネイチャー（自然であり、性質でもある）」を適切に保ちながら進められる必要があることに、ようやく人びとは気づき始めたのだ。

この頃から、経済学の体系は次第に細分化され、全貌をつかみにくくなっていったが、[1]それは他の学問体系でも同じだろう。ただし物理学や化学、数学などの自然科学（いわゆるサイエンス）には一定の方法や手続きがあり、それらを学んだ特定の人びとだけが専門家とされる。専門家集団は研究開発に従事して技術を革新し、人びとの暮らしをゆたかにするとされている。経済学もやはり物質に関わるので、自然科学を意識し、これを範として体系化を進めてきた。

だが、では経済学の「専門性」とはいったいどこに求められるのだろうか。経済学を含む「社会」科学は、どのように「専門的に」社会を分析し、社会に貢献するのか。

古典派経済学の時代には、ニュートン力学が物質世界の普遍法則とされ、イマヌエル・カントの時間・空間の認識哲学がそれを支えていた。古典派経済学もまた、このような同時代の認知パラダイムを前提として、経済も、バランスの取れた状態では自然界のバランスに近づくとした（ただし同時に、自然界とは異なる人間社会の独自の領域として、倫理や道徳感情などの世界も想定されていた）。

古典派経済学を否定したマルクスもまた、科学という観点からは典型的に一九世紀的な思想家だった。科学に強い信頼をよせ、みずからの社会主義体系を科学的として先行研究と区別した。同時代にはチャールズ・ダーウィンが『種の起源』を著し、生物学や遺伝学のみならず、経済学にも大きな影響を及ぼした。ところが二〇世紀の初頭になると論理学・哲学の分野において、その論理・命題の構造や妥当性が根底から問い直された。アインシュタインは相対性理論を提示し、経済学が基盤としていたそれまでの物理学の核心部分から、時間・空間の認識を根本的に覆した。自然科学も絶対的、普遍的ではないことが緻密な論理によって示されたのだ。かくして、以後、常識的な感覚としてさらっと倫理について語るのは、むしろ自然科学者たちとなった。

社会科学はこの事態にどう対峙《たいじ》できるのだろうか。

---

1 たとえば「経済学」に関連するものとして、ミクロ／マクロ経済理論、マルクス経済学、理論的な応用分野として計量経済学、ゲーム理論、統計学、歴史関連では経済史や経済学史、経済思想史、政治・政策関連には経済政策、社会政策、厚生経済学、財政学、応用的領域として国際経済学、労働経済学、環境経済学、金融経済学や金融工学、開発経済学などがあり、会計学や経営学が含まれる場合もある。

経済の運営にも自然科学と同じく技術的な側面があることは間違いない。技術的処方によって特定の問題を解決する工学的な側面もある。ジョン・メイナード・ケインズが言ったとおり、「経済学者は歯医者のような存在」であるのがよいのかもしれない。つまり傷《いた》んだ部分をその都度、発見し、いま持てる技術と物質によって修繕、改善するのである。

だがしかし、人間も社会も、そのすべてを数値、論理に還元することなどはできないし、計算どおりに動かすことなど不可能だ。さらに加えて、その技術を実際に用いるのもまた同じ人間社会であることも忘れてはならない。一国の技術力を束ねる官僚（テクノクラート）組織は、技術の開発、方向付け、計画から実施に至るまで、ほぼ常に政治的な決定とともにある存在である。すなわち経済学も、不可避的に科学技術がはらむ政治性を考慮に入れざるを得ないのだ。

結局、今なお「主流」とされる自由主義経済学の潮流は、政治とはあたかも無縁のような振りをして、次第に科学に服従してゆき、あげく、もっぱら貨幣という数量的価値の辻《つじ》褄《つま》を合わせようとする計算高く小賢しい優等生に堕してしまった。だがしかし、その同じ時期に、ひとが生きることをもっと野太く摑《つか》む経済学を求めて格闘した論者たちもまた、少なからず、そして継続的に存在した。

ポランニーを軸にして

そのような、人間の生存という観点から経済を熟考した一人にウィーン生まれのカール・ポランニー（一八八六〜一九六四年）がいる。一九世紀後半以降、ウィーンが世界都市となり、さまざまな頭脳が結集するなか、自然科学者と社会科学者は密接に交流しながら研究を進めていた。経済学は、「価値」という中心的課題を徐々に手放していったが、ポランニーは自由主義経済学とマルクス主義の両方を学び、社会主義者を自任して、経済と社会、科学のかかわりについて考えた。晩年にはアメリカ大陸にわたり、市場的自由主義経済は「生きること・暮らすこと」を犠牲にして、「右肩上がりの進歩」を推し進めると批判して、経済人類学という学問分野を拓《ひら》いた。その思想は、人間は資源でも商品でもないという信念、価値観に貫かれている。本書ではかれを軸にして、「自由」と「正義」が相克するひとつの系譜を描いてゆく。

もちろん、ここで扱うすべてがポランニーに直接、影響したものであるわけではない。またポランニーの思想が、二一世紀の現代世界をすべて見越していたわけでもない。変化のテンポは加速し、特にここ数十年は、おそらくかれが想像もしなかったであろう事態が矢継ぎ早に起きている。さらにいえば、ポランニーは書きぶりがやや仰々しく、またいかにも「善い人」すぎて、人間中心主義的なヒューマニズムに搦めとられてしまっているところもある。それでもなお、人間の生死の根本を凝視したかれの思考の軌跡と展開をたどることは重要である。

ポランニーおよび、かれが影響を受け、また与えた人びとの思想を繙《ひもと》くとき、経済学、あるいは社会科学全般における専門性とは、究極的には、「人間や社会とはなにか」をつきつめて考えることにあるとわかる。ものや技術に関わる人びとの心を支えているのも、それが社会で活かされる姿を想像するという、人としての力である。生きていく力、人間を見つめ、見抜く力には、あえていうなら一つの専門性として（それを持つ人はたいてい謙虚であり、専門性などといえば一蹴《いっしゅう》されそうだが）、もっと敬意が払われてよいのではないか。

第一部では、ポランニーの知的土壌であったドイツ語圏の経済学を概観する。一九世紀後半以降、オーストリアの経済学は自然科学を模して精密理論の体系化を進めたが、拮抗《きっこう》関係にあったドイツの経済学やマルクス主義経済学とのあいだで何度も論争が交わされた。

第二部は、ポランニーも含めたヨーロッパの知識人らが移民、亡命した先のアメリカで、経済の根幹にあった生への価値観が薄れ、変質してゆく過程を見る。アメリカでは、科学・技術と産業（インダストリー）を動力として経済を回すという経営管理（マネジメント）の手法が広く普及したが、それがやがて限界に直面し、深刻な危機に陥ってゆく過程を概観する。

第三部ではこれらをふまえ、従来の経済学のあまりに硬直した科学志向を解きほぐし、拓いていくことを試みる。ポランニーの体系では、経済学において元手として扱われる「労働」、「貨幣」、「土地」は、本来的には、商品化にはなじまない擬制商品、つまり商品としては「フィクション」でしかないとされる。そこでこの三つの要素を軸として、経済学の危機が語られた一九七〇年代から近年までの社会思想、現代思想にも視野を広げ、隘路《あいろ》打開の方向性を探ったいくつかの思想に踏み込んでゆきたい。

「ヴァリューフリー value-free」という幻想

つまるところ本書の目的は何か。それは中立という幻想を捨てて一つの立場をとることへの、ささやかな道案内である。経済学とはそもそも単純に、人間が「食べ、生きていくこと」を支える実直な学問であったはずだ。ところがいつしかそれが、科学の威を借る「ヴァリューフリー」の学問へと変質してしまった。この「フリー」というのが曲者《くせもの》である。ヴァリューフリーとは本来は価値の自由さ、つまりみずからはある価値を信じて一つの立場をとるが、他の価値観、他の立場もあると認めるところに、「自由」さがあるという意味であった。ところがアルコールフリーがノンアルコールを意味するように、ヴァリューフリーが価値を選ばないこと（没価値）と勘違いされてきた歴史と、現在がある。[2]

しかし人は生きている限り、ずっと価値を選び取り続ける、むしろ価値観のかたまりである。自分では選ばないつもりでいても、結果的にある一つの選択肢を選んでしまっている場合もある。と言うか、「選ばない」こともまた一つの「選択」なのであって、選ばずに偏《かたよ》らないでいることなど、そもそも原理的に不可能なのだ。

価値観の激しい対立や論争というこれまでの歴史から、双方の意見を聞きつつどちらにも与《くみ》しない「中立」の立場があたかもあるかのように信じられてきた。たしかに、相手を切りつけたり相手から切りつけられたりと刺し違えるような面倒なことはなしに済ませたいという気持ちもわからなくもない。しかし多少の摩擦は常にある。誰しもがそれぞれの価値観の方向に偏っているのであって、自分と完全に同じである他者などそもそも存在しえないのだ。

とは言え、他者を抹殺することもない。また逆に過剰に「博愛的」な賢《さか》しい優等生を気どる必要もない。だいたい優等生という言葉には、どこか権威への追従の臭いがつきまとう。数量的正確さがあれば「正しい」と信じるのは、実は根拠なき願望にすぎず、優等生がそれにすがるとすれば、それはかれや彼女が人間をわ、か、ら、な、い、からに他ならない。
さらには、人生のことがわからないという奇妙な劣等感の裏返しから、生の尊厳を貶《おとし》める必要もないはずだ。あえて繰り返すなら、そもそも自然科学（サイエンス）や論理の世界自体が普遍性、絶対性からはとっくに脱皮しているのだ。もっとも、最先端の自然科学の後追いをする必要もないだろうが。

ところが、右肩上がりの前進のみをよしとする進歩主義は、人間を薄っぺらにしてしまった。人間は、先ほどもいったように、かれや彼女が食べるところのものである。便利さ、ゆたかさ、大量生産を求める中で、食べることの手軽さが追求され、甚大な影響がもたらされた。なぜか近隣で生産、収穫された地場の食材や無農薬野菜が、輸送費や農薬代のかかった輸入品より高価格な高級品になっている。貧しい者は、賞味期限の切れたコンビニ弁当をあてがわれて感謝すべきだという。それを食品廃棄の削減としてエコロジーの指標にでもカウントするのか。健康やいのちの重さもカネ次第なのか。社会運動家でラッ

2　価値自由を訴えたのはマックス・ウェーバーであり、没価値という訳語は、日本の戦前、戦中のものである。

パーの、クルギの言葉を借りれば、もううんざりだ（Y'en a Marre）、こんなことは。経済学の生誕以来、ゆたかさを求めて邁進《まいしん》してきた営みは、長い時間をかけ、結果的に良かれと願ったものとは逆のものを生み出しつづけてきた、そう言わざるを得ないだろう。みずからを安く値踏みし、科学を模して形式的整合性だけを求める緩みが、そこになかったとはいい難い。残念ながら経済学はいつしか堕落し、狭量になり下がってしまったのだ。

とはいえ、そんな残念な流れに圧《お》し潰されて、絶望している場合ではもはやない。かつては経済学にも気高きこころざしを胸にいだき、理念を熱く論じ合った時代があった。それが、どこで分岐点《ターニング・ポイント》を曲がり損ね、何が致命的な一歩を後押ししたのか。「たらいの水とともに赤子を流してしまう」ことにならないように、かずかずの思想の歩みを、慎重に価値判断しながら、たどってみなければならない。

緩んだ学問に終止符を。

目次
（各章の項目は、その章で取り上げられる人物、あるいは概念）

第一部　経済学の分岐点——倫理から倫理「フリー」へ

第一章　市場は「自由競争」に任せるべきか――理念と方法を問う

一九世紀、のちの経済学の分岐点になる決定的な地点において問われたのは、経済学は何のためにあるのかという理念と、それを追究する方法であった。経済学の担うべき理念は「自由」か、あるいは「公正」か。「自由」を謳《うた》う側は当初、政治的権威による権力の濫用《らんよう》や共同体のしがらみから個々の人間を解放することを目指していた。対する「公正」の側とは、いわゆる経国済民《けいこくさいみん》[3]の思想であり、経済は天下国家の視点から論じられるべきだと反論した。

だが「公正」の理念は残念ながら、以後、経済学の分野においては次第に後景に退いてゆく。自由主義経済学が科学たることを標榜《ひょうぼう》し、数学を用いないアプローチを低く見るようになったのだ。ときは一九世紀のグローバリゼーション時代、なべて経済学は数値化の方向へと収斂《しゅうれん》されてゆく。今では経済学者にさえも忘れられ、あるいは知られないままの論争だが、それはことの核心を突いていた。ここが、わたしたちの出発点となる。

経済学に関する「方法論争」

一八七〇年代初頭、ドイツはプロイセンを中心とする国民国家として統一を果たし、ハプスブルク帝国・オーストリアとは分かれた。しかしドイツ語圏のアカデミズムはなお、国境を超えた共通の基盤をもち続けた。経済学もその例外ではなかった。この場所において、一八八〇年代なかばに「方法論争」と呼ばれる論争があった。一三〇年以上が経過した現在ではあまり振り返られることもないが、実は経済学の理念と方法に関する重要な論点がここには示されていた。

論争の担い手は、ウィーン大学のカール・メンガーと、ベルリン大学のグスタフ・シュモラーであった。メンガーは一八七一年に刊行した『経済学原理』において、今でいうミクロ経済学のもとになる主観価値理論を体系的に説明した。この著書は、ほぼ同時期にあらわれた他国の二冊の書物、スイス・ローザンヌのレオン・ワルラスの『純粋経済学要論』(一八七四〜一八七七年)と、イギリスのスタンリー・ジェヴォンズの『経済学理論』

3 中国の古典にある言葉で、日本語の経済という言葉の語源とされている。経世済民《けいせいさいみん》ともいわれることがある。

（一八七一年）と並んで経済学の新しい潮流として高く評価され、「限界革命」とも称された。弟子たちの尽力もあって、[4] メンガーはほどなくしてオーストリア学派と呼ばれる学派を形成することになる。

一方シュモラーは、一九世紀の前半からドイツで支配的であった考え方にしたがい、科学的普遍性よりも各国の個別、具体的な歴史や状況を把握しようとする立場を取る経済学の中心的存在であった。メンガーが『社会科学、特に（政治）経済学の方法に関する研究』（一八八三年）において、みずからの経済学の方法を提示すると、シュモラーがそれに対して批判的な書評論文を書き、論争となった。

しかし結局のところ、両者は互いに慇懃無礼《いんぎんぶれい》な絶縁の言葉を投げつけ、また周囲にも険悪な雰囲気を広げただけでこの論争は終焉《しゅうえん》に至った。後には対立を乗り越える試みも示された。たとえばマックス・ウェーバーは社会科学方法論として価値自由の概念を提示し、ヨゼフ・アロイス・シュンペーターは両方の学派をアメリカの経済学界へと橋渡しした。メンガー自身も生涯をかけて自らの『経済学原理』の改訂にとりくんだ。その結果、遺稿やメモを整理・編集して原著に組み込んだ第二版が一九二三年に出版され、ポランニーが広義の経済を考える手がかりとなった。

経済学の二つの理念

方法論争当時の経済学は「ポリティカル・エコノミー」、直訳すれば「政治経済学」であったが、通常はこれも経済学と訳される。方法論争が重要なのは、経済学に関わる重要な二つの理念を提示していたためである。

メンガーが担ったのは「自由」の理念であった。かれはイギリスの古典派経済学を継承し、ニュートン力学など自然科学が世界の客観的な法則性を明らかにするという世界観に基づいて、経済学などの社会科学も同様に精密科学たり得ると考えた。この信念を支えたのは、方法的な個人主義の手法、つまり社会や経済を観察する場合でも、結局、すべては個々人に還元されるとして、選択や行動における利己的な個人を分析単位とする手法であった。またそこには同時に、個人は対等かつ自由なものとして、活動を保証されるべきであるという政治的な含意もあった。もっともメンガー自身も、たしかに利己心こそは人間

4 引き継いだ弟子たちとは、オイゲン・フォン・ベーム＝バヴェルクとフリードリヒ・フォン・ヴィーザーで、オーストリア学派の第二世代にあたる。ベーム＝バヴェルクの経済思想については、第三章で論じる。

の経済のおもな原動力であるとしても、現実には公共心、隣人愛、慣習、正義感なども人間の経済行為を規定することを認めていた。

対するシュモラーが体現したのは、「正義」や「公正」の理念であった。かれはドイツ固有の歴史に即し、またドイツ・ロマン主義の流れも汲み、有機的な国家観、つまり国家を一人の人間の身体になぞらえ、国民はそれぞれがその身体のどこかのパーツを成しているという見方に基づいた経済学を構想した。それは国を治め、民を救うという経国済民の学としての経済学の立場であった。したがって経済活動を行った結果として生じる諸問題を解決するためには社会政策が重要であり、経済学には公正、正義を求める倫理的観点が不可欠であるとした。

このように両者では、そもそも政治に対するスタンスが大きく異なっていた。メンガーが経済政策や財政学など、政治的実践に関わる領域を経済学の枠外においたのに対し、シュモラーらの学派においては政治は経済学の体系内にあるのが当然であった。双方とも部分的には相手方の主張を認めていたが、根本の理念において異なっており、経済学の体系として重視するものが決定的に違っていた。

メンガーは、自由な個人の経済活動を共同体や宗教などのしがらみから切り離して考える立場を擁護《ようご》する点でも、イギリス古典派の自由主義経済学を継承していた。しかしたとえば、スミスが市場における交換において人間に内在すると想定していた「交換性向」には批判の矛先を向け、人間の中にそのような性質が自然と備わっているわけではないとした。むしろ、個人が何らかの欠乏（ニーズ、欲求）、たとえば空腹などを感じたときに、これを満たしてくれるものに認める「効用」が、欲求を満たすにつれて減少することを普遍的な科学法則ととらえ、この法則をもとにして、人間の行動原理や市場交換の理論を打ち立てたのだった。[5]

メンガーのこのような考え方は、経済学は各国の歴史や政治からは独立した普遍的な社会「科学」であるとして、客観的真理を追究する立場の一つの源流となった。そしてこの

5　効用とは、ものを初めに得たときに最も高く、さらに追加して何度もそれを得ると次第に下がってくるような、人がものから得る満足の度合いであり、この減少を法則としてとらえた。さまざまなものから得られる満足度をトータルでもっとも高めるには、限界効用を等しくすればよいということも法則とされた。さらに、このような人間同士が市場で交換取引を行う場合、買い手がこれ以上は出したくないとする値と、売り手がこれ以下では売りたくないと考える値とのあいだで、値切りの駆け引き、価格交渉が行われるとした。これが主観価値論による価格理論のエッセンスである。ちなみに英語での効用utilityという言葉をつくったのは、功利主義者ジェレミー・ベンサムだそうだ。

見方は、次第に一定の「常識」として定着した。そしてまた、先んじて述べておくと、以後の自然科学や論理学などの発展と歩調を合わせ、人工知能（ＡＩ）などのアルゴリズム的合理性を土台とする経済学が、やがてこの知的土壌から生まれることにもなってゆく。

規範の担い手としての国家

一方、シュモラーの経済学は、社会的な問題意識をその起点としていた。一九世紀のなかば頃から、ドイツのみならずイギリスやフランスなどでも貧困や劣悪な労働条件などが問題視され、正義や平等の理念と自由な経済という理念とは相容れないのではと疑われ始めていた。マルクスは協働者フリードリヒ・エンゲルスを得て、資本主義社会を批判的にとらえる体系を構想していた。資本主義のもとでの労働者の賃金が、長期的には生存の最低レベルに向かう傾向があるとするフェルディナンド・ラサールの賃金鉄則論もあらわれた。こうして平等の理念に基づく社会主義、共産主義体制のヴィジョンが模索されるようになっていた。

しかしシュモラーは、最低賃金になるという傾向をただ指摘するだけのあり方を批判して、むしろ、そうなってはならないという立場から、倫理的な方向付けの必要性を主張した。またその場合にも、革命によってすべてを破壊して一から始めるのではなく、現存する国家が国民統治という目線から、正義や平等、公正などの倫理的な理念をもとに国民経済に関わるべきだと考えた。

そんなシュモラーには、制度としての国家に何らの位置づけも与えない市場価格の理論が経済学の全ての体系をなすなどということは、とうてい受け入れがたいことであった。かれは、統計や歴史、あるいは地理学、民族誌的著作、また旅行の紀行や博覧会の報告なども一般理論の準備として役立つとして、それらと精密理論とのあいだに断絶をみるのはよくないと考えた。国民経済と国家の関係を視野に入れずに、いかにして国民経済の重大な原理的問題を捉えるのか、そう問いかけたのである。そしてメンガーの経済学体系なるものは、結局のところジョン・スチュアート・ミルの自然科学的な論理学だけを学び、もっぱら国民経済学の古い抽象的教義学にもたれかかっている点においてエピゴーネン、亜流にすぎないと断じたのだった。

またシュモラーは、企業や企業活動と国家の関係の重要性も強調した。市場価格の理論においては、企業は単なる生産者の単位として、生産物を市場に供給することによって利潤を極大化しようとする、いわば透明な存在に過ぎない。企業の存在は前提であって、分析対象ではなかったのだ。

これに対してシュモラーは、個人、法人、公的企業という区分に言及し、組織としての企業、人間集団としての企業を考えた。企業活動という言葉も明示的に用いている。

しかしここで言う企業という概念において、シュモラーが注目していたのはもっぱら、国家という立ち位置からの企業活動と社会との関係であった。このような立場から、シュモラーの周囲では、ドイツの企業活動に関する具体的、数量的な調査、研究も行われていた。

資本主義経済を活性化させるのは企業家という行為者であるとする、この考え方は、シュンペーターの経済発展論に大きな示唆を与えた。しかし後にみるように、シュンペーターはもっぱらシュモラーにおける調査、研究というデータの成果の部分だけを評価して、国家観のほうは切り捨てた。

社会と正義の理念

シュモラーは他のドイツ歴史学派経済学者たちとともに一八七三年、ドイツ社会政策学会を立ち上げ、みずからの研究を実践に結び付ける足がかりを築いた。マルクス主義者たちからは社会運動としての弱さを指摘され、講壇社会主義、つまり日和見な学者連中による机上の空論だと揶揄《やゆ》されたが、住宅問題や衛生問題などについての社会調査的な研究を重ね、労働者の権利のために工場法の制定や団結権の承認、労使関係の改善を求めていった。ちなみに日本でも一八九六年、ドイツに倣《なら》って社会政策学会ができている。日本の経済学者は比較的早い時期に、ドイツ経済学の重要性をつかんでいたのである。

シュモラーは方法論争に二年先立つ一八八一年、「経済における正義の観念」という論文を刊行した。ここでかれは、人びとが「社会主義の方が正義に適《かな》った財の分配をするのではないか」という漠然とした不安を抱え、また一八七〇年代後半以来、自国の保護域内だけで自由な取引を行うという関税政策の是非がさかんに議論されていたことなども踏まえて分配における正義を論じた。そこで重要とされたのは、どの集団の何人にどれだけの財がわたるか、また「各人にその分け前を」という際の数の比率をどうするかであった。しかしシュモラーは、正義に適った「公正な」比率は絶対・不変なものではなく、時代や場所、目的によって基準が異なると考えた。

シュモラーによれば、正義は人間の徳の中でも高次で知的なものであり、個人主義や、人間の快楽に基盤をおく功利主義の立場からではあっても、やはり肯定されるべきものであった。それゆえ市場は利己心だけにまかせるのではなく、社会の調和、社会的平和に向けて慣習や法、制度を通じた調整が必要であると主張した。

ここでは国家は、調整の元締めとなる立法者、行政官として、間接的に影響を及ぼすものとされていた。このシュモラーの主張は、国家の存在や役割を全否定するマルクス主義に対する批判でもあった。シュモラーにとって正義とは、人間に生来、与えられたものではなく、かといって恣意的な発明でもなく、「人間の道徳的資質と論理的思考が生んだ必要物であり、その限りにおいて、時代を経てさまざまに変転しつつも永続する真理」であり、「人間が思考し想像し信じることのできる最上かつ最高のもの」であった。国家は、そうした正義の理念を実現する可能性をもつという意味において究極の制度であると同時に、その実現に向かっての持続的な努力が求められる対象とも位置づけられていた。国家に対するシュモラーの強い思い入れが伝わってくる。

ただし、実際の政府が極端な政策によって暴走する危険性は、そこでは想定されていなかった。総じて当時のドイツの経済学者たちは、理念としての国家に大きな信頼を寄せており、国家統治の立場からのみ国民経済をみていた。人びとや社会にとって国家とは何であり、国民のさまざまな経済活動にはどんな役割を果たすのかを、もっぱら理念としてのみ考えていたのである。

やがて二〇世紀に入ると、ジョン・メイナード・ケインズらが現代のマクロ経済学に連なる理論体系として、政府は市場の自己調整にまかせるのではなく、財政政策や金融政策によって役割を果たすべきという政策理論を示すことになる。しかしそこでは政府は政策の実施主体として暗に想定されているにすぎず、正義や徳を実現する一つの有機体として明示される国家とは、かなり性格が異なっていた。国家を経済学の体系の中心に据えたのは、やはりシュモラーらドイツ経済学の大きな特色であった。

国境を越えた経済学

シュモラーの弟子たちは一八八一年のかれの論文を英訳し、一八九四年にアメリカの雑誌に掲載した。ドイツ語圏の学界が方法論争へ対応する言葉を失っていた頃、ドイツ歴史学派の経済学は地道に輸出され始めていたのである。一方メンガーらのオーストリア学派経済学も、次第に国際的な名声を獲得しつつあった。資本主義の発展とともにグローバリゼーションが進展した一九世紀末から二〇世紀初頭にかけて、経済学全般にわたり、国境を越えた学問の展開がみられたのである。

ドイツ語圏の経済学の国際化に大いに貢献したのがシュンペーターであった。二〇代から三〇代前半にかけていくつもの著作を著した早熟の天才は、イギリスやアメリカなど海外の学問動向にも早くから目配りし、オーストリア、ドイツの経済学者とアメリカとの橋渡しに尽力した。[6]

そんなシュンペーターが一九二六年にシュモラーの考え方を再評価したのが、「シュモラーと今日の諸問題」であった。ところがこの論文は、ドイツ歴史学派経済学がもっとも重視していた国家や正義の理念を経済学から捨象する決定的な契機となった。すでに触れたとおり、シュンペーターが評価したのは、ドイツの企業や都市の生成、機能、構造について、またギルドの形態やその変化、あるいは行政文書にあらわれた政策についてなど、シュモラーらが進めた個別的、歴史的研究であった。それらの細目研究は、資料収集にもとづいて実証的かつ理論的でもあり、マックス・ウェーバーやウェルナー・ゾンバルトらの経済社会学の基礎づけと理論の構築にも貢献した。

実はシュンペーターは、シュモラー論を執筆した当時、みずからの経済発展論を彫琢《ちょうたく》しつつあり、近い過去、つまり二〇世紀への変わり目ごろのドイツ国民経済の制度やデータ、当時のアメリカの金融状況などを知ることの重要性をよくわかっていた。かれは、それらが恐慌理論や景気変動論などの理論体系を一変させる可能性があるとさえも感じていた。シュモラーの研究は、資料のたんなる供給源というよりもはるかに重要な意味において、「制度」に関する新しい理論体系を潜在的に生み出していたのである。そこでかれはシュモラーを、アメリカ制度学派経済学の父祖と位置づけたのだった[7]。

ところがそのために、シュモラー自身がもっとも重要視していた正義や倫理に関する主張は、シュンペーターによるシュモラーの業績評価からは排除されてしまった。「倫理学派」という呼び名についても、シュンペーターは「問題の本質に関して全然なにも陳述していないがゆえにまったく失敗している」と断じ、正義についても、シュモラーにとっては大きな役割を果たしたが、自分は同意しないと一蹴した。そして国家概念についても、シュモラーがドイツ帝国という君主制官僚主義の国家を念頭に置いていたことを簡略

6　フリードリヒ・ハイエクは、一九一〇年頃にアメリカとヨーロッパの大学のあいだで客員教授の交換制度が始まったこと、そのオーストリア側の教授の一人がシュンペーターで、かれが一九一三年にハーヴァード大学に行ったこととの意義が大きかったことを回想している（『ハイエク全集Ⅱ-7　思想史論集』八木紀一郎監訳、春秋社、二〇〇九年、二六四～二六五頁）。ハイエクもシュンペーターに紹介状を書いてもらって渡米したのだが、現地で著名な経済学者たちとの交流を通じ、その威力に驚いたという。

7　「このような〔シュモラーが研究した〕資料は、『社会的諸制度』と呼ばれ、アメリカ人のもとでの現代的諸趨勢の一つの主要関心が向けられているところの生活形態、思考および感情の習慣、組織などの研究に際しては特別に、本質的である。それゆえに、彼はとりわけ、アメリカにおけるいわゆる『制度学派』の父となった」（シュムペーター、一九二六年「歴史と理論 ―― シュモラーと今日の諸問題」『社会科学の過去と未来』玉野井芳郎監修、ダイヤモンド社、一九七二年、四四七～四四八頁）。たしかに一八八一年の論文も、分配における正義は時代や場所によってその都度規定されるとし、また個人主義に基づく国民の経済活動は社会の調和や平和へと導かれるよう具体的に調整されるとするなど、法やルールの支配とともに、社会における制度の重要性を強調している。制度の概念は、シュモラーにとって実は重要であった。

に紹介するにとどめた。シュンペーターは、シュモラーによって国家に与えられた至高の位置づけに、国家至上主義的な危険性を嗅ぎ取っていたのかもしれない。

ともあれ、かくしてシュンペーターは科学に関係するのは「存在」であって「当為」ではない、すなわち「〜べき」ではなく「〜である」を重視する立場をとることにより、自然科学を雛型《ひながた》とする経済学へという方向性をいっそう加速させたのだった。

数量的という「正確さ」へ

と同時にここで重要なのは、アメリカ制度学派を介しての、数量的研究への転回であった。シュンペーターがシュモラーに関する論考においてとりあげたものに、一九二四年末にアメリカ経済学会でウェスリー・クレア・ミッチェルが行った会長講演「経済理論における量的な分析」がある。そこでミッチェルは、経済科学における質的な分析は大半はすでに成し遂げられたとする、アルフレッド・マーシャルの発言に触れていた。[8] ミッチェルはこのマーシャルの発言を方法論争の展開形ととらえ、今後は「財政学や銀行活動、会計簿記や輸送、保険、景気変動、マーケティング、労働問題」などに貢献する、量的な分析が重要になると主張していた。

シュンペーターもミッチェルと同様の視点から、シュモラーの研究も定量的分析にあたると位置づけた。たしかにシュモラーは正義や公正、平等という徳を、分配という数量的領域に絞って論じていたのだから、この主張もまったくのミスリーディングとは言えないのかもしれないが（ちなみに、ミッチェル自身がこの講演で強調したかったのは、第一次世界大戦の際、戦争に統計的データが役割を果たしたことを重くうけとめた上で、統計が平和のためにも役立ち、また将来、何がなされるべきかを計画するためにも役立つということだったようである）。

　さらにシュンペーターはシュモラーの定量的分析方法を、マルクス主義に対する批判としても位置づけた。マルクスは分配をめぐる社会集団の対立、階級対立を強調したが、対立は実際には質的よりも量的な性質のもの、つまり分配の「量」をめぐるものである、したがって対立を原理とするマルクス理論は資本主義の未発達な段階の残滓《ざんし》にすぎず、実際には資本主義的経済発展により、飢えや凍えへの不安はすでに取り除かれている、そうシュンペーターは強調した。

　そしてその上で、たとえ社会主義政党であっても、それぞれの「新経済政策」は持っているのであり、また自分の企業の貸借対照表を読める労働者であれば、実際にはむしろ企

8　それはマーシャルのイギリス王立経済協会会長講演であった。

業の運命について心配するだろうとした。先んじて言えば、この発言には、後にアメリカで支配的になる、労働者の「マネジメント的発想」がすでにあらわれている。シュンペーターはこの頃からすでに、当時のアメリカの動向に歩調をそろえていたのである。

こうして、シュモラーの思想体系の要諦《ようてい》であった国家の存在、および「正義」や「平等」、「公正」などの理念は経済学の領域からは排除され、分配の問題も、究極的には「量」の問題に収斂《しゅうれん》するはずとみなされた。シュモラーが生涯をかけた研究はただたんに、量的研究の素データとしてのみ評価された。その結果、「分配問題」とはいわゆる「パイの分け前」という「量」の問題にすぎず、そうである以上、倫理を顧慮する必要などはなく、パイ自体を大きくすれば解決する、という、現代にまで続く経済成長志向の源流に、皮肉にもシュモラーが据えられた。こうしてシュンペーターによるシュモラーの再評価は、分配の問題から倫理的側面を捨象することにより、方法論争に実質的な止《とど》めを刺すことになったのだ。

第二章 「暮らし」か「進歩」か——ダーウィニズムと経済学

社会思想史に少し明るい人なら、本章のタイトルに「ヤバい」臭いを嗅ぎ取られるかもしれない。「ダーウィンの進化論、サルから人、人種差別、ナチス、ひええ！」といった推論である。一方で昨今、ＳＤＧｓ（持続可能な開発目標）だ、サステイナビリティだと、自然や環境を重視した経済がやたらともてはやされてもいる。この両極端な評価の源が、実はシュモラーらのドイツ経済学なのである。

「公正」の理念を追求する国家学としての経済学は、人民の暮らしに関心を寄せるがゆえに、状況を体系的に把握する必要があると考えた。たしかに飢えないように配慮されるのはありがたいことかもしれない。しかしだからといって、最低限の基本的必要（ベーシック・ヒューマン・ニーズ、ＢＨＮ）をリスト化され、「食費の割合が高いからあなたは貧困です」などと上から決めつけられるのは余計なお世話である。「ご親切」すぎる国家権力の功罪が、ここには明らかになっている。

　そもそも、人がそれぞれの場に根づき、食べ、生きていくことは、それ自体がすでに文化であり、それがどんな風であっても決して卑下することはない。いや、このような人間の尊厳を保つことは、むしろ上等なハナシなのだ。遠いカリブ海の詩人たちの言葉でいえば、それこそが高度な必要性、すなわち高度必需なのである。

人間を生物としてとらえる視点

ドイツでは、これまでにも述べてきたように、数百年間にわたる国家統治のための国家学、官房学の体系の伝統があり、シュモラーらドイツ歴史学派の経済学もまた、この国家学の一部をなすものであった。経国済民の術としての経済学は、国民の生（生きること、いのち、ライフひいては生活）を支えるために、国民を生物として見る視点を要請されるようになった。[9] 経済学者をはじめとする社会科学者たちは、ちょうどこの時期からダーウィニズム、進化論との思想的格闘を繰り広げていた。シュモラーらもまた、ドイツ社会政策学会を成立させた前後の時期から、ダーウィンの著作のインパクトを意識していた。[10] ダーウィンは種の発生が、個体の発生の繰り返しを通じた変化、繁殖による遺伝、そして生存競争における一定形質の生き残りの組み合わせから成るとしたが、社会科学がとりわけ強く意識したのは生存競争と適者生存であった。

生存競争の考え方を人間社会に適用すると、理念としての平等を大きく揺るがす可能性がある。人間が構想する正義や公正の理念がどうであれ、自然の摂理としての個体の多様性、不平等が肯定されるからである。不平等が理論的に裏付けられることは社会のなかですでに優位な位置を占めている者たちに好都合なので、為政者に濫用《らんよう》されるリスクがある。生存競争の議論が粗雑なかたちで決定論的に、揺るがしがたい運命として社会理論に組み込まれるなら、人間社会が平等でないのは当然だとして、不平等やその固定化を正当化する結論へと導かれかねないからである。

しかし他方、ダーウィンの著作は、社会科学が宗教や信仰から科学へと、学問的基盤を移行させるきっかけともなった。ここでいう科学とは、ニュートン力学などの物理学ではなく、新しい動物学、すなわち形態学であり、また生物を生存させる環境の学としての地質学、および地理学だった。ちなみに、ダーウィンにインスピレーションを与えた一つが、他ならぬ社会科学、なんとロバート・マルサスの『人口論』だったというから、社会科学はダーウィンを経由、あるいは迂回して、みずからの歩みを進めたと言うこともできるかもしれない。

ダーウィンの著作、あるいは地質学や地理学における進化（evolution）[11]とは、一定時間

9　ただし論敵のメンガーも当時の生理学、解剖学の発展を意識し、有機体と社会のあいだに一定の類似性をみとめるオーギュスト・コントやハーバート・スペンサーの体系を、ある程度評価していた。

10　社会政策学会のメンバーの一人であったゲオルク・フリードリヒ・クナップは、「ダーウィンと社会科学」（一八七二年）と題する講演を行っている。

11　「進化（evolution）」という語が『種の起源』に登場するのは、第六版（一八七二年）からである。

の経過のなかにおいて動植物の種がランダムな選択として示す、一連の変異、変形のことである。つまり進化とは、時間に関わる概念なのだ。これが社会や経済活動に適用されると、進化とは、一日や一年など、一定の時間単位が繰り返し継続されてゆくあいだに徐々に何かが変化したり、増大したりすることになる。やがて経済学における進化の概念は、土地や人間社会の変化や歴史と次第に重ね合わされてゆき、その類似概念としての発展や進歩、成長などの概念とともに展開されることになってゆく。

囲い込みと貧困の発見

そもそもダーウィンの時代、イギリス社会は貧困問題に直面していた。この点についてはポランニーが『大転換』（一九四四年）で大きく取り上げている。はじまりはその数世紀前ごろから、外国貿易向けの羊毛生産のために土地が囲い込まれたことであった。[12] 一七世紀初頭の公文書には「貧しい者には居住を、富裕な者には進歩を」と記されており、居住か進歩かという、二つの価値観の対立が始まっていたことがわかる。生まれた場所でつつがなく暮らし、いのちをまっとうすること、変わらずに暮らしてゆく（居住する）という価値観とは別に、さらなる上昇をめざすこと、つまり今日よりも明日は何かもっとよく、あるいはより多く、よりゆたかにと、より高い次元への右肩上がりの変化をめざす進歩という価値観があらわれ始めていたのである。

それまでキリスト教の教区や地元の共同体によって守られ、みずからの生きる場所のことをおそらくあまり意識しないままに生涯を過ごしていた人びとの居住地が、囲い込みによって次第に奪われるようになっていた。進歩とは、それまではたんに生きるための場所であった土地の利用方法を改変し、それを通じて富を獲得しようとする人びとによる、新しい価値観だったのだ。

貧困が問題とされるようになったのもこの時期、つまりそれ以前の、誰もが生存ぎりぎりのレベルで生活していたときではなく、一定数の人びとが、さらなるゆたかさを享受するようになってからのことだった。イギリスやフランスには、数多くの貧民収容所（救貧院）が設けられた。しかし院内の状態は悲惨であった。やがて、所得に関係なくすべてのひとに最低所得が保障されるべきであるとして、ベーシック・インカムに似た救貧制度[13]が導入された。しかし社会は、むしろさらに荒廃した。雇用主は補助金をあてにして賃金を

12　ただし以下で確認するように、資本主義の起点に土地の囲い込みを置くのは、経済史の通説的な見方である。

下げ、また労働者のほうでも補助金をあてにして勤労意欲が減退した。救貧制度と競争的労働市場は共存できず、社会システム全体が機能不全に陥った。

自由か、生活の質か

マルサスは一九世紀のはじめ前後に『人口論』を著し、人口が増大しても食糧生産は同程度には増やせないことを明らかにしたが、この立場から、社会の荒廃を目のあたりにしてもなお、貧困は労働によって解消できると主張した。自由な労働市場が円滑に機能すれば、人びとは仕事とより高い賃金を得られるところへと移動し、そこに定着するというのである。

かくしてマルサスは、救貧法や救貧院に反対した。救貧法があるせいで、貧民は家族を扶養する見通しもないまま結婚して子どもを作り、むやみに人口を増加させる。しかし、こうして人口が増加したとしても、その分の食糧生産を増加させることはできないので、一国内の一人あたりの食糧の分け前が減少し、逆に扶養されるべき貧民をさらに作り出してしまう。この立場からマルサスは、救貧院もそこで消費される食糧が院外の人々への分け前を減少させるので、撤廃したほうが良いとした。

これが自由主義的経済学の典型的なスタンスであった。貧困そのものの削減に取り組むのではなく、自由に働けばよい賃金を得られるとして、市場へ労働力を売り出すこと、すなわち労働力の商品化を正当化した。そしてその結果に対しては自由放任の立場をとり、自己責任でよしとした。

一方、『イギリスにおける労働者階級の状態』（一八四五年）を書いたエンゲルスや、これを高く評価したマルクスもまた、救貧法や救貧院にはほとんど着目しなかった。当時の経済学全般が、貧困という現実への具体的な取り組みからは目を背けていた。[14] マルクス経済学もまた、労働を人間本来の喜びであると見なし、動物と人間との境界として称揚する点においてはマルサスらの自由主義経済学と相通じていた。人間を労働およびその生産性

---

13 一七九五年に定められ、一八三四年に撤廃されたスピーナムランド制度である。約四〇年を経て、大失敗の制度として撤廃された。撤廃時には、どんなものであれスピーナムランド制度の継続よりはましだといわれたという。

14 一方、ここでポランニーが参考にした著作を著したハリエット・マーティノーは、当時の貧困の現実を描写したが、俗流経済学者と位置づけられた。女性だからということで、性差別もあったかもしれない。しかし経済学という「高尚で科学的な」学問は、現実の細かいことを気に留めないという風潮もあったと思われる。

によって価値判断する見方は、広く認められていたのである。

とはいえ自由主義経済学者の中にも、そのような立場から離れていった人もいた。その一人がJ・S・ミルである。ミルは『経済学原理』（一八四八年）において、産業的進歩と蓄積の時代の後に到来する「定常状態」を非常に肯定的にとらえていた。定常状態においては、誰も生存競争のために他人を蹴落としたりはせず、誰かが貧困に陥ることもなく、また誰も、一生かかっても使いきれないほどの富をため込むこともない。誰もが現状、得られている快適さを保ち、それが劣化しないようにしっかりと暮らしていく、そう考えたのだった。

そこでは過剰に慎重な節制を行う必要も求められないので、誰も巨万の富をもってはいないが、精神にも身体にも十分な楽しみを誰もが享受することができる。したがって定常状態においても人びとは、質的な向上を求めてよい。さまざまな精神的文化の発展や生活の技法（Art of Living）の改善、今日の言葉で言うならQOL（クオリティ・オブ・ライフ）、つまり暮らしの質の向上は、大いに求められてよいとしたのである。しかしこの定常状態論は、当時の経済学においてはあまり注目されなかった。

エコロジー登場

視点をドイツへ戻そう。ダーウィンの『種の起源』や進化論の普及には、エルンスト・ヘッケルが果たした役割が大きかったとされている。ヘッケルは医者で生理学を専門領域としたが、近年では「エコロジー」という用語を作ったことで再評価されている。[15]

ヘッケルは、一八六九年一月にイエナ大学の哲学講座への赴任に際して行った講演、「動物学の発展過程と使命について」において、「個体発生は系統発生を繰り返す」という命題を提示して、ダーウィンを「子孫の理論」の理論家として高く評価した。[16]それは従来、混沌状態にあった生物分布学、地誌学、広義の動物地理学などを整理し、地理学に新たな基礎づけを与えたとして、ダーウィンの著作を評価するものであった。

15　ただし日本でおよそ唯一ともいわれるヘッケル研究の専門書『ヘッケルと進化の夢 ── 一元論、エコロジー、系統樹』（佐藤恵子著、工作舎、二〇一五年）において、著者はヘッケルの定義したエコロジーが、現代の意味とはかなり異なっていることを指摘している。

16　ヘッケルはアリストテレスから動植物の研究、カール・フォン・リンネらの分類学、自然誌、形態学、細胞学、発生学、たとえば脊椎動物の発展史などの学問的発展を説明し、しかしそれらがたんなる分類学にとどまって、環境との関係やその変化を無批判に扱ってきたと批判して、ダーウィンを、ジャン＝バティスト・ラマルクの「子孫の理論」の五〇年後の後継者とした。

ヘッケルはエコロジーを生物分布学（コロロジー）と並置した。生物分布学とは、動物という有機体と外界との関係を論じる学問の一分野であり、動物の地理的な広がりや限界を学ぶ学問であった。一方エコロジーは、エコノミー、つまり動物的有機体の「家政」の学問であった。家政とは、動物とその環境、つまり無機的環境と有機的環境双方との全般的な関係、そしてその生存のありかたを考察する学問である。特に重要なのは、動植物が直接的、あるいは間接的に接触する場合に、友好的あるいは敵対的関係が生じることについての考察である。

つまりヘッケルにとってエコロジーかつエコノミーとは、生き物としての人間と周囲の環境（無機的環境）、他の個体（個人、有機的環境）との関係を考察する学問であった。ヘッケルは、ダーウィンが「生存を懸けた闘い」の諸条件として示した相互関係のすべてがエコロジーであり、かつエコノミーであるとしたのである。かれの家政の概念は、ドイツ経済学の系譜として細々と引き継がれた。やがてポランニーが経済という言葉の二つの意味として、「節約（エコノミー）」と並置したのは、内容的にはやや異なるとはいえ、やはり家政概念であった。

暮らしの数量的ポートレート

ドイツでも、先述の社会政策学会が設立されるよりも数十年ほど前から、同時期のイギリスがそうであったのと同様に、貧困、職人の失業や食糧の不足などが生じ、社会問題になっていた。一九世紀なかば、これが労働者の問題として認識されるように統計的手法によって尽力したのが、クリスティアン・ローレンツ・エルンスト・エンゲルであった。かれはドイツのドレスデンに生まれたが、フライブルクの鉱業専門学校で採鉱冶金学を学んだ後、ドイツ国内のみならずベルギー、フランス、イギリスを見て歩き、統計学者のランベール・アドルフ・ジャック・ケトレやフレデリック・ル・プレイらと出会って、相互に影響を及ぼし合った。[18]

エンゲルは、人口増加を貧困の原因として問題視するマルサスを批判した。食糧の消費は枯渇《こかつ》に至る絶対的破壊などではなく、大地や大気からなる自然の代謝の一部である。したがって、生産とのバランスを取ることができれば、特に問題はないと考えた。そこでエンゲルは、このバランスを考えるべく、出生率や生活状態を調査し考察する学問を構想

---

17 Grimmer-Solem, E. 2003, *The Rise of Historical Economics and Social Reform in Germany 1864-1894*, Oxford: Clarendon Press, p. 90.

し、これを人口学の展開として「デモロジー」と名付けた。それは人間を、自然人的個人と何らかの集団（人種や言語的共同体など）との中間のカテゴリー、デモス（民）としてとらえる立場であった。

またデモロジーは、その一方では自由主義的経済学とは異なる形、すなわち社会統計という形で「規則性」[19]を扱うという意味において、「科学性」を追求するものでもあった。かれは、シュモラーらが社会政策学会で取り組んだ失業保険や労働者の待遇改善などに数量的な基礎づけを与えた。かれの考え方は、シュモラーやルヨ・ブレンターノ、ゲオルク・フリードリヒ・クナップらドイツ歴史学派の多くの経済学者に共有され、学派の統計学的な主柱となった。

またデモロジーは、エンゲルの生涯を通じた実践によっても培《つちか》われていた。かれはザクセン政府のもとで工業及び労働事情調査委員として調査に携わり、ザクセン王国統計局長となった。一八六〇年から一八八二年までは二〇年以上の長きにわたり、プロイセン王国統計局での官庁統計の仕事に取り組んだ。その途上の一八七一年、ドイツが国家として統一された。かれはこのような大きな変動の時代のなかで、国家と社会との関係をつきつめ、政治や普仏戦争の波に翻弄されながらも、ドイツ社会政策学会の創立に関わった。

ところでエンゲルの名は、「エンゲル係数」によってよく知られている。[20]これは一世帯の家計の消費支出の中に飲食費が占める割合である。一般的に、所得が上昇すると、飲食費が消費に占める割合は低下し、エンゲル係数は低下する傾向があるとされる。これがエンゲルの法則と呼ばれるものである。飲食費の支出は完全になくすことはできない。そして飲食費以外の支出があまりなければ、エンゲル係数は高くなる。エンゲルはこのような

18 ル・プレイはエンゲルと同じく鉱業専門学校の出身で社会改良運動に携わり、ケトレは統計的手法において貢献を果たして、近代統計学の父とされている。ここでの記述は、すでに一九四〇年代にエンゲルの著作を翻訳した森戸辰男による「エンゲルの生涯と業績」（エンゲル『労働の価格・人間の価値』第一出版、一九四七年）と、イアン・ハッキングによるエンゲル論 Hacking 1990, *The Taming of Chance*, Cambridge: Cambridge University Press.（『偶然を飼いならす ── 統計学と第二次科学革命』石原英樹・重田園江訳、木鐸社、一九九九年）に多くを負っている。

19 エンゲルは規則性と法則性を区別し、やがて大数の法則とよばれることになる規則性を、法則とは異なるとした（Hacking 1990, Prussian Numbers 1860-1882, Krüger, L., Daston, L. J. and Heidelberger, M. (ed.), *The Probabilistic Revolution vol I, Ideas in History*, Cambridge (Massachusetts) / London : The MIT Press. p. 383)。

20 エンゲル係数の分析は、統計局長であった時期の「ザクセン王国における生産および消費事情」において論じられたものである。晩年の著作『ベルギー労働者家族の生活費』（一八九五年。邦訳、森戸辰男訳、第一出版、一九四七年）は、このザクセン王国の分析を付録として収録している。

考え方を示してドイツで貧困や食料不足の克服に取り組み、同時代の経済学者に大きな影響をおよぼした。

エンゲル係数が重要なのは、一九世紀以降の主流派となった自由主義的経済学ではほとんど扱われることのなかった、そして今も扱われることのあまりない、消費そのもの、家計そのものに踏み込んで分析を行ったからである。

エンゲルは、人間が行うことの一切が消費であると考えた。そしてその基本単位は家族であるとして、家族成員の生活上の欲求にもとづく収入支出、つまり家計簿を基礎資料とする考察を行った。項目ではもちろん「食」に大きな重点が置かれたが、「住」、つまり住居を含む衣食住、および光熱、家畜飼料、労働用具、教育、私的な保護や公的安全、健康、さらにはコーヒーや煙草などの若干の嗜《し》好品《こうひん》など、生活上想定できるあらゆる物質的および非物質的な消費の項目が組み込まれた。[21] これらによって、世帯のポートレート（肖像）を数量的に描き出そうとしたのである。

エンゲルは、みずからの仕事によって福祉測定と呼ぶもの、つまり福祉を数値で測定して数量的に表現できるものとするこころみの一端を実現したと自負していた。かれは年齢、職業、資産状態、人種、出生地など文化的、社会的差異による消費の相違を考えたが、消費ニーズを反映した生活費を測定する尺度単位が必要であることに気づき、統計学者ケトレにちなんで、この単位を「ケット」と名付けた。ケットを尺度とした生活費の測定は、労働者が生きていくための本当のコストを確定し、これを賃金によってカヴァーさせるための前提であった。

このようなアンケート的調査手法は、王国の名を冠した職位があってこそ可能であった。ここにもドイツ歴史学派の国家統治の観点に立つ経済学の特質をみることができる。

地理学から地政学へ

第一章でみたとおり、ドイツ歴史学派の経済学は国家への信頼に立脚していたが、それは同時に、国家の暴走を許す政治的な危うさを孕《はら》んでいたということでもあった。ダーウィン、ヘッケルの考えを引き継いで発展させたフリードリヒ・ラッツェル[22]の思想には、この危うさが実際に具現化されている。

21　一八七二年の社会政策学会第一回アイゼナッハ大会でのエンゲルの報告は、住居の不足に関するものであった。エンゲルは家計への関心を、ル・プレイが参与観察によって獲得した体系的な家計分析から学び（エンゲル、一八九五年前掲書、邦訳五七頁）、イギリスやアメリカなどの統計局調査の方法との比較も行っている。

ラッツェルのもともとの専門領域は動物学、古生物学、地質学であり、卒業後は外国への旅行記や紀行文などの執筆によって生活の糧《かて》を得ていた。やがてミュンヘン工科大学に教授資格論文を提出し、地理学の講座で一八七五年から職を得た。[23] 地理学者としての著書には、『人類地理学』(一八八二、一八九一年)や『政治地理学』(一八九七年)などがある。しかし地理学から発展したかれの地政学は、やがてドイツ・ナチズムに利用されたのち、ナチスのイデオロギーとして葬られることになった。

とりわけ問題となったのは、一九〇一年に著した『生存圏』という小論であった。一般的な用語法としての生存圏(生存空間、生活空間とも訳せる)とは、生き物が生存できる空間的範囲のことである。たとえばヒトはかなり寒冷な場所でも熱帯のような場所でも生存できるが、別の動物や植物は、もっと狭い範囲でしか生息できない。ダーウィンがマルサスによる生命体の増殖力と生存圏の関係をみずからの考察の起点としたこと、種や類の減少、死滅と空間との関係を分析し、その空間的周縁や境界について論じたことをふまえ、ラッツェルは、生存をめぐる闘争が実は空間をめぐる闘争であると考えた。

ラッツェルによれば、地球空間は陸と海、つまり土地と水から成り、変わりやすい性質をもっている。人類地理学、政治地理学の課題は、人びとの生活と海との関係である。ラッツェルは、世界を植物界、動物界、人間界という三つの界に分け、いずれの界においても、生命、有機体の物質的、身体的部分は環境との関わりの中で次第に変形され、適応や栄養のために移動を重ね、居住地を変えていくとした。そして、ある一つの生き物の居住場所をエクメーネ（Ökumene）と名付け、人間にとってのエクメーネを考察することの重要性を説いた。通常は食物供給、栄養供給が生命体の生息密度、種の生息密度を決定するが、土地の高低など他の要因も影響するとした。

かれがこれを書いたのは、二〇世紀の初頭、すなわちすでに産業革命によって可能とな

22 ラッツェルはまず紀行文の執筆で生計を立て、その後、地理学者としてミュンヘン工科大学で一〇年間教鞭をとった後、ライプチヒ大学に転出した。二〇世紀に入ってからはドイツに関心を照準したといわれるが、古い時代を扱った氷河研究なども評価された。ラッツェルの経歴については Ratzel 1901/2010, Der Lebensraum, *Festgaben für Albert Schäffle*, reprint, ULAN Press. の冒頭に付された本人と編者による伝記と O'Tuathail, G. 1996, *Critical Geopolitics; The Politics of Writing Global Space*, Minneapolis: University of Minnesota Press. の紹介に負う。

23 ドイツで統治の学としての官房学、国家学から枝分かれして純粋地理学が生まれたのは一八世紀であった。一九世紀初め頃にはアレクサンダー・フォン・フンボルトによって植物学や生態学などと統合され、一八二〇年代にはカール・リッターによって大学の講座の地理学として確立された。ラッツェルはかれらを引き継いで地理学体系を展開させたことになる。

ったさまざまな技術が空間そのものや人間の移動に大きな影響を及ぼし、人間が住む家の構造や内実をも次第に変化させていた頃だった。エクメーネは、雨曝《あまざら》しの屋外に生息する人間集団ではなく、国家や社会の諸制度のもとで十分に文化、文明を享受している人間にとっての空間的基盤を問うものだったのだ。科学や産業、文明への信奉が強かった一九世紀後半の時期に、人間が生きることのできる場所を一定の自然条件という環境の制約のもとでとらえたエコロジカルな視点は、きわめて特徴的である。

生存の論理の二面性

ラッツェルはエクメーネの議論から植民化、定住化の問題に踏み込んでいったが、それはかれにとって、必ずしも人間界には限られない、移動と変化の概念であった。たとえば、人間の移動によって森林伐採が行われ、また乾燥草原地帯（フィールド）がやがて文化的領域（フィールド）になるという変化もある。人間全体のエクメーネよりはむしろ、個々の集団の居住地、生息地（habitat）、つまり種や類の近いもの同士が住む近接範囲をとらえた概念が、より重要だとも述べている。

ところがこの植民化の論理は、帝国主義的拡張の正当化にも結びつけられた。地政学（ゲオポリティーク、英語でいうジオポリティクス）としてドイツ・ナチズムに利用され、特定の人間集団を居住空間から締め出すという、きわめて危険な主張の核心的概念とみられるようになったのだ。[24]これは、ラッツェルの生物学的、地理学的な生存圏の分析に、分配や再分配への視点がなかったために生じた問題であった。現実の国家や社会においては、生存をめぐる闘争、空間をめぐる闘争の結果として生じる不平等は、財の分配や再分配によって調整される。しかしラッツェルの思想は残念ながら、この点への目配りが欠けていた。不平等の肯定から、ひいては優位なものによる劣位なものの絶対的な否定、殲滅《せんめつ》へと逸脱していったことが、「生存圏」概念の歴史的な不幸であった。

それでもラッツェルの考え方は、「居住（変わらない暮らし）」か「進歩（右肩上がりの変化）」かの選択肢でいえば居住の側をとる論理として、一定程度は評価できる。世界の経

24 フランツ・ノイマンの『ビヒモス』（一九四二年）は、生存圏の概念に含まれる危うさを、いち早く警告した。その第一部第五章は「大ドイツ帝国 ── 生存圏とゲルマン的モンロー主義」と題され、その第二節「地政学」において、ドイツ歴史学派から大ドイツ主義、ラッツェルの政治地理学、生存圏の概念への展開を論じた。ノイマンは安易な類推を避けつつも、ナチズム全盛の時代に果敢に批判を試みたのであった。一九五〇年代以降地理学において、ラッツェルらの思想をドイツ・ナチズムによる濫用から救い出す試みも、持続的に行われてきたが、復権は必ずしも順調に進んでいない。

済的趨勢《すうせい》が、圧倒的に右肩上がりの進歩の側についていた時期に、主流派となった「科学的」な経済学が想定するような抽象的な人間や土地ではなく、個別・具体的な、さまざまな異なった場所に住む、さまざまな人間、個別・具体的な歴史をもつ人間集団をかれは考察したのであった。動物や植物に種類があるように、人間にもさまざまな種族や暮らし向きがある。その点を抽象化せずにとらえようとするかれの考え方は現代のエコロジーにも通じ、人間の生存を重くみる経済の導き手となる可能性を秘めていた。

国力としての人間と自然

ここで、各国の国力増強を意識した、別の地政学のあり方にも触れておこう。イギリスにおける地政学の台頭である。

「ジオ」という接頭語には、土地や土壌、地理、あるいは地球といった意味が含まれ、「ジオポリティクス」つまり「ジオ政治学」は、政治地理学とも関連する。地理学が土地や河川の位置や分類を問うのに対して、地政学（ジオポリティクス）は政治的な場所や特定の空間、集団への力関係、利害関係に焦点を当て、その変容も考察する。西洋諸国の領土拡張は、市場の拡大を目的とした資本的勢力の拡大と結びついていた。地政学は、この政治的・経済的な勢力拡張を理論的に正当化する学問であった。

イギリスでの王立地理学会の設立と発展も、ドイツの地理学の発展と同様に、未開の地への探検や旅行記、紀行文の蓄積とともにあった。しかしその延長線上で、一九〇四年にハルフォード・マッキンダーが行った講演「歴史の地理学的旋回軸」が、地政学へのターニング・ポイントとなった。[25]

マッキンダーは、それぞれの場所に住む人間を、単なる人口という数ではなく、マン・パワー、すなわち海の力（sea power）[26]や土地の力（land power）とならぶ国力の構成要素とみなした。そしてマン・パワーは国家が測定し分析する対象であり、またその測定も、たんに統計的指標として役立つだけではなく、燃料としての人間のエネルギーの活用に資するとした。人間を燃料にして国という機関を動かすイメージである。

この構想は、イギリス国家の政策に直接的に反映されたわけではなかったが、数々の植民地を携えたイギリスの統治を事実上、下支えする役割を果たした。やがてドイツで

25 アルフレッド・セイヤー・マハンは『海上権力史論』（一八九〇年）において、マッキンダーの講演を高く評価し、アメリカの地政学形成に貢献した。

26 マッキンダーは海岸や潮の流れを活かした海運や貿易、文化などから、イギリスを「海の力の国」と位置づけた。

も、この地政学を踏まえ、ドイツをヨーロッパの中心とみる中欧論が台頭し、ラッツェルの体系を飲み込んだ。

このように、地政学とは、資本の論理と結びついた経済的関心の下、国家の空間的膨張を正当化する論理であった。それはシュンペーターがやがていみじくも言語化するとおり、「創造的破壊」なのである。生産は、現存するものや価値観を破壊することによって初めて可能になる。すなわち創造的破壊とは、生産が本来的に暴力性を含む強圧的なものになりうることを明示し、かつそれを正当化する概念なのである。

第三章　「逸脱」のはじまり

ヴァリューフリーの意義が問われていた頃、経済学はそろって資本に照準を当て、再生産の仕組みについて考えていた。資本といえば、やはりマルクス／エンゲルスの『資本論』（一八六七～一八九四年）だが、自由主義経済学の側もこれを詳細に検討した。再生産、つまり生産の循環が機能し、持続的にやっていけることはたしかに大事だとしても、再生産を繰り返すたびごとに規模を広げようとすると、人を生産性だけで判断したり、とにかく経済を回さなければと無理をして空回りしたりと、次第にゆがみが生じてくる。

要するにバランスの問題なのだが、これが簡単なことではない。「自由」も「公正」も理念だけでは意味がないと、経済学にとっての核心であるはずの「価値」が前景から後退してしまったのは、当時の経済学者たちが資本の論理の方に目を奪われてしまったからだった。たしかに資本と再生産の概念の定義も、経済学の重要課題にはちがいない。だが、「価値」を手放したのは、やはり致命的だった。この後、経済学の主流はテクニカルな側面だけを追求し、退化の一途をたどってゆく。

「価値」の学問としての経済学

二〇世紀への世紀転換期の頃までは、経済学とは価値の学問であった。それゆえメンガーの弟子であるオイゲン・フォン・ベーム゠バヴェルクが「オーストリア学派」として体系化した経済学も主観価値をその基盤とし、個人の価値観、つまり自分が大切だと思っている何かをほかの誰か、あるいは社会に向かって表すことが、いわゆる市場への参加であり、これが経済活動のかなめであると考えた。

一方、ルドルフ・ヒルファディングらマルクス主義の経済学者たちは、マルクスが示した労働価値論、経済観に忠実で、この点においては古典派経済学を踏襲していた。かれらの価値の尺度は、人間がはたらくという行為であった。この両者が価値をめぐる論争を行った。ベーム＝バヴェルクが『マルクス体系の終結』（一八九六年）でマルクス『資本論』第三巻を論評すると、[27] ヒルファディングが『ベーム＝バヴェルクのマルクス批判』（一九〇四年）によってこの批判に応酬した。

両者の価値観の相違から、この論争はほとんどすれ違いに終わり、第二次世界大戦後、後世の手によってまとめられるまで、ほとんど放置されていた。二度の世界戦争の狭間の大戦間期には、次章でも示すとおり経済学者は価値論よりも、現実の体制の運営の仕方の問題を優先していた。自由主義経済学においても理論的・概念的な中心課題が資本であることが初めて明確に示されたのは、一九一一年、ベーム＝バヴェルク、ヒルファディングの両者ともと近しい距離にいたシュンペーターが、資本と経済発展を理論的に体系化した『経済発展の理論』を著してからのことだった。ここではまず、資本の概念が生産、再生産にとって中心的な役割を果たすことを確認しよう。

資本という生産要素

古典派経済学の成立時から、強調点や明示化の程度に相違はあるとしても、生産のための必要物を「生産要素」、「生産手段」と呼ぶこと、またそれが「土地」、「労働」、「資本」の三つであり、そこから得られる所得、つまり稼ぎがそれぞれ、「地代（レント）」、「賃金」、「利潤」であるという構造は、自由主義経済学でもマルクス経済学でもドイツ歴史学派経済学でも大まかに共有されていた。古典派経済学は、ここにそれぞれ「地主」、「労働者」、「資本家」という社会階級をあてたが、オーストリア学派を含むその後の自由主義経済学では、人間はすべて個人という一要素に還元することになった。いわゆる「ホモ・エコノミクス」である。しかし自由主義経済学の側においても、二〇世紀の初頭から大戦間期にかけて、資本概念の重要性が認識されるようになってゆく。そのことをもっとも典型的に示しているのが上述の、シュンペーターの経済発展論である。

ちなみに、マルクス主義の側からの主観価値論批判としては、ヒルファディングのものだけでなく、ニコライ・ブハーリンの『有閑階級の経済理論』（一九一七年）も刊行された。かれはオーストリア学派の主観価値論が消費者の選択理論、つまり有閑階級たるブル

27　ベーム＝バヴェルクは一八八四年に刊行した著書『資本利子学説の歴史と批判』において『資本論』第一巻を検討しており、第三巻の刊行を機に論評の続きを書いた。この論争を整理したポール・スウィージーは、ベーム＝バヴェルクの論考のタイトルは「マルクス体系の結論について」などと訳す方が適切であると指摘した。

ジョアジー、労働を行わない金利生活者〈原語はレンティエ、つまりレント〈地代〉で生活する者〉の理論であると批判した。

そもそもヒルファディングらマルクス主義者たちは、資本主義の生産様式のもとでは貨幣や金融市場が次第に猛威をふるいだし、人間や社会の概念、あるいは経済の理念やその運営に深刻な悪影響を与えると批判した。その意味において、『有閑階級の経済理論』は、金融レント批判の源流に位置づけられるものである。

地代とは、土地や建物の所有者がその所有権を保持したまま、誰かにそれらを使用させ、使用者から一定額の使用料を徴収するものである。地代のもともとのイメージは、土地を所有する地主階級が得る「不労」報酬という、古典派の時代のものである。みずから汗水たらして労働を行わなくとも手に入るものであるため、労働による生産性を重視する立場からは、つねに批判的な目で見られていた。また、人びとの生計の糧《かて》が農業から工業へと移行するにつれて地代は消滅し、所得は賃金か利潤かに二分されるとも考えられていた。労働と資本の対立構造の先鋭化というモデルをマルクス主義が構築したのも、このような古典的レント概念の上に立ってのことだった。

だが、資本を広く元手と定義すれば、土地もまた資本の一つであることになり、上記、三つの区分は盤石《ばんじゃく》ではなくなる。すなわち資本とは、実は、農業における土地も含めて、より広くとらえることのできる概念だったのだ。[28] しかしこの、広義の地代（レント）概念が問題とされるようになるのは、第三部でみるように、ずっと後、一九七〇年代以降のことだった。

経済発展とはなにか

シュンペーターは、オーストリア学派やドイツ歴史学派の経済学を学んだ。しかし同時にマルクスの体系や、ミクロの均衡理論の直接的な源となったレオン・ワルラスの体系も受容し、むしろそれを、みずからの理論体系の礎《いしずえ》とした。シュンペーターは当時オーストリアにいたヒルファディングらマルクス主義者とも親しく、みずからも、資本主義論や帝国主義論を執筆した。[29]

シュンペーターは、ベーム＝バヴェルクの資本概念中心の理論体系を高く評価した

28　ここで述べた資本はいずれも実物資本だが、元手としてもっともイメージしやすいのはむしろおカネだろう。一定額を元手として何かに投じ、それを量的に増大させた後、その一部を再び元手とすることができる。この活動も投資の一形態だが、額をより大きくして利益を回収することが目的の場合にはそれは投機と呼ばれる。

が、自身は資本から生じる利子や利潤の発生のしかたについて、異なる考えをもっていた。[30] ベーム＝バヴェルクは、利子や利潤は、人が所有する資本をすぐに消費してしまわずに、将来に向けてとっておくという時間の経過から生じるとした。だがシュンペーターは、利子や利潤は常に生じるものではなく、それを生じさせるには、企業家が重要な役割を果たさなければならないと考えた。

これが、シュンペーターの経済発展概念の核心部分である。その思考の出発点には、生産についてのかれ独自の考えがある。すなわち、この世界では無から有を生じることはないので、すべての「生産」は、実は、現在あるものを加工したり改変したりして新しく「結合」させる、再生産（リメイク）であるというのである。これは、自然や環境そのものを「資源」として活用することを生産の根本とする考えである。そしてここでいう資源という概念は、生産に役立つものという意味において後づけ的に規定されるものであり、原理的には、かなり広範なものを含みうる。

シュンペーターはこのように生産を定義しなおした上で、新しい結合によって新たな生産技術を発見することが技術革新であるとした。新結合には、原料をそれまでにないやり方で加工する生産方法の開発や、新商品（財）の開発ばかりでなく、新しい販路や原料、半製品の新しい供給源の獲得、新しい組織の実現なども含まれる。企業家とは、このような、何らかの新結合がひらめく、アイディアの人のことである。

さらに重要なのは、企業家がそのアイディア実現のために、銀行から資金を融通してもらう点である。これは銀行による出資という名の「投資」であり、ここにおいて信用創造として、新たなおカネが生み出される。銀行は一定の規則にしたがいつつ、もともと持っている自己資本より、はるかに超える額の投資を行うことができる。一方、企業家は、借り入れた資金で事業を実現し、成功した暁《あかつき》には大きな利潤を得る。やがて、次第に多くの人がかれのアイディアを模倣して市場に参入するようになると、追加的な利潤は消失してしまうが経済全体、社会全体は、こうして新しい均衡状態に落ち着く。めでたし、めでたし。[31]

29 こうしてシュンペーターは後世まで読み継がれるいくつもの著作を遺したが、個人的には変転の多い人生を送り、また晩年は多くの経済学者たちがジョン・メイナード・ケインズの体系に傾倒する事態に直面して失意も味わい、生涯をどこか異端派の経済学者として過ごすことになった。

30 シュンペーターは資本利子についてベーム＝バヴェルクと激しい論争を行ったが、おそらくベーム＝バヴェルク本人は、シュンペーターからやがて得ることになった高い評価に納得していなかったと思われる。

シュンペーターによれば、このプロセス全体が、すなわち経済発展である。このプロセスを動かすのにもっとも重要なのは、銀行による信用創造、すなわち企業家に投資されて帳簿上に記される貨幣（金額という数字）である。まさにそこから利子や利潤が生まれるのだ。時間の経過のなかで利子や利潤が常に生じるとするベーム＝バヴェルクとは、大きく異なる見方である。

シュンペーターの企業家概念は、その後さまざまな批判にさらされ、また実際にも技術革新は、企業家個人よりも企業組織が継続的、体系的に担う場合の方がほとんどであった。しかしここで描かれた発展のダイナミズムは今日でも、才覚を活かして一発当てたい人びとに勇気を与え、一定の有効性は保っている。

資本主義論の展開

シュンペーターはその後アメリカにわたり、ハーヴァード大学で教鞭をとってニューディール政策批判などを展開し、自らの資本主義論を彫琢《ちょうたく》していったが、そのもとにはポール・サミュエルソンや都留重人《つるしげと》など、立場を異にするさまざまな経済学者たちが集って活発な議論を交わした。後に一九七〇年代以降、エコノミーとエコロジーに関わる広義の経済思想を展開した玉野井芳郎《たまのいよしろう》の思想も、少なからずこの知的土壌によって育《はぐく》まれた。そしてこの知的土壌を大戦間期に共有したポール・スウィージーの整理によって、ベーム＝バヴェルクとヒルファディングの論争が、第二次世界大戦後に「資本」論争と位置づけられることになったのだ。

一九一〇年アメリカ生まれのスウィージーは、もちろん方法論争もベーム＝バヴェルクとヒルファディングとの論争も、直接に体験したわけではなかった。かれにとって初めてのもっとも大きな経済的体験は、一九二九年に始まる世界大恐慌であった。その影響が色濃かった一九三二年にハーヴァード大学で経済学士号を取得した後、ロンドン・スクール・オブ・エコノミクスへの留学を経て、マルクス主義への関心を深めたという。その後、ハーヴァードへ戻った際にシュンペーターに出会った。スウィージーは、教師としてのシュンペーターの存在に大きな敬意を払っている。[32]二人の知的交流は一〇年あまり続いた。自由主義かマルクス主義かという経済学の二大パラダイムは、アメリカの地で独特の融合的な展開を見せたのであった。

31　これは「事業が成功すれば」の話である。もちろんそのことはシュンペーターもわかっていた。そこでこの後、経済恐慌、景気循環など、それがうまくいかない場合を含む理論に取り組んだ。

とはいえ、両者の資本主義観は同じではなかった。スウィージーは、一九四二年にシュンペーターの『経済発展の理論』のタイトルを継承したという『資本主義発展の理論』を刊行し[33]、マルクス主義理論家としての地位を確かなものとした。シュンペーターもこれを高く評価し、マルクス主義の体系や文献を学ぶ最良の入門書であると述べた。ただし同年にみずからも『資本主義・社会主義・民主主義』を刊行し、スウィージーとは大幅に異なった資本主義観、社会主義観を披露した[34]。両者の異なる価値観は互いに交わることはなく、それぞれの道を行くだけであった。華やかに論争が切り結ばれる時代は、終焉《しゅうえん》を迎えつつあったのだ。

資本論争の整理と評価

スウィージーは第二次世界大戦後の一九四九年に、ベーム＝バヴェルクとヒルファディングの論考を英訳し、さらにラディスラウス・フォン・ボルトキェヴィッチの論考[35]も英訳した上で収録して、一冊の訳書を編集・刊行した。そして資本についてのそれまでの考えを整理して、マルクス主義、社会主義や共産主義の根幹には人間の労働があることを再確認した。それは、価値の学問であった経済学の中で異なる流派がしのぎを削っていた時代を現代に蘇らせようとする試みでもあった。

スウィージーは序文で三者の論考の紹介と評価を示し、特にボルトキェヴィッチの論考に高い評価を与えた。マルクスがみずからの欠陥、つまり設備、原材料と賃金への投資という投入量を価値で測る一方、産出の方は生産価格で測っているという欠陥に実は意識的であったことを、ボルトキェヴィッチが論じたためであった[36]。またそれは、論争のどちら

32 「どんな考えをもっていたかということは、かれ〔シュンペーター〕は気にかけなかった。(中略) シュンペーターがわれわれすべてにのこした贈りものは、一つの『体系』でもなければ一連の教理でもない。それは一種の教育であったのであり、(中略) 私たちの人生の中でも学問的には一ばん刺戟に富んだ数年をかれに負うている」(シュンペーター『帝国主義と社会階級』への序としてスウィージーが寄せた文章より。都留重人訳、岩波書店、一九五六年、二〇頁)。なお玉野井芳郎は「人間シュムペーター」と題したエッセイのなかで、このエピソードを引用している(玉野井芳郎『転換する経済学――科学の統合化を求めて』UP選書、一九七五年、一四〜一六頁)。

33 Foster 2008, Sweezy in Perspective, "*Monthly Review*" 60(1), May, p. 46.

34 両者は当時、社会主義というテーマについて、しばしば議論を重ねていた。一九四六年から一九四七年にかけての冬学期ハーヴァード大学では、「資本主義の将来」と題し、両者を登壇者とした公開討論会も開催された。

35 『資本論』第三巻におけるマルクスの基本的理論構造の修正について」(一九〇七年) である。ボルトキェヴィッチはポーランド系ロシア人の経済学者、統計学者。確率分布についての著作もある。

の陣営にも加担せず、ヒルファディングにできなかった理論的修正を労働価値説に内在して行うという貢献でもあった。[37]

スウィージーは、ベーム＝バヴェルクとヒルファディング、それぞれの理論的意義も総括した。ベーム＝バヴェルクは「真正の科学」を求め、主観価値論に基づく市場の交換比率の価格理論を展開した。個人が、ものの効用についての価値評価の体系を潜在的に持っているという前提に立ち、その個人がニーズ（必要）を満たすべく市場にあらわれて、供給者とのあいだで折り合うまで価格の交渉が行われる、とするモデルである。[38] スウィージーはこの点に、オーストリア学派の理論的精緻化、体系化へのベーム＝バヴェルクの尽力を認めた。

ベーム＝バヴェルクの立場からすると、賃金、地代、利子、利潤などの経済現象は、商品市場における交換に起因するのであり、価値問題の特殊なケースにすぎなかった。すなわちマルクスの「誤り」は、結局、「古くさく、すでに論破されている」労働価値説から出発した点に尽きるのである。一方、ヒルファディングは、ベーム＝バヴェルクの労働の解釈、ひいては労働価値の解釈自体が根本的に誤っているとした。労働は人間の「社会性」にとって決定的に重要であり、労働の価値は結局、人間の社会的な関係性の文脈においてのみ理解されるとしたのである。

スウィージーがヒルファディングの側でもっとも評価するのは、この二つの価値の対立に真っ向から挑んだ点であった。ベーム＝バヴェルクとヒルファディングでは、価値観の違いの受け止め方が違っていた。経済学を精密科学と信じたベーム＝バヴェルクの非歴史的・非社会的な立場からは、経済現象を分析する方法は唯一でなければならなかった。他方ヒルファディングは、歴史的・社会的立場に立脚したうえで、ベーム＝バヴェルクらはたんなる資本主義の擁護者にすぎず、歴史の一局面として経過的性格を持つにすぎないと位置づけた。スウィージーは、このヒルファディングの側に寄り沿い、資本主義的経済は

36　『資本論』をめぐって論争したベーム＝バヴェルクとヒルファディングは、残念ながらこの点に無頓着で無理解であったとスウィージーは評した。

37　ボルトキェヴィッチはリカード主義者と位置づけられるが、基本的に主観価値学派に賛成し、マルクス学派に反対していた。にもかかわらず労働価値説を承認するため、マルクスの考え方への共感に近い立場をとり、主観価値対労働価値という対立軸を超えていた。スウィージーが強調したかったのは、この点だったのかもしれない。

38　第五章でみるが、オスカー・モルゲンシュテルンがゲーム理論として定式化する交渉ゲームのモデルの原型は、このベーム＝バヴェルクのモデルにあった。それは市場での価格交渉に第三者が加わった場合なども想定し、交渉結果の価格幅を考察するモデルであった。

ひとつの歴史的局面であるという判断を下したのであった。

アインシュタインによる「社会的」なものへの期待

なおスウィージーは、この論争を整理した著作を刊行したのと同じ一九四九年に、「独立した社会主義者のための雑誌」というサブタイトルを冠した『マンスリー・レヴュー』を仲間とともに創刊した。この雑誌は当時から、アメリカのマルクス主義者たちが論考を発表する貴重な場となり、やがて一九七〇年代には従属論や世界システム分析の論者たちが議論を戦わせたり、書籍としてまとめたりする場所ともなった。スウィージーは、当時の中国における革命なども視野に入れつつ、社会運動や実践とは異なる、理論や学問的アプローチを求めた。つまり社会主義、社会的なものの考え方を学問的に検討する場として、定期的雑誌を刊行したのである。

『マンスリー・レヴュー』創刊時の編者たちは、この雑誌に社会主義の理念を込めた。それはたとえば、創刊号に寄せられたアルバート・アインシュタインの「なぜ社会主義なのか?」という論考に端的に示されている。[39] アインシュタインは、周知のように相対性理論によって科学や認識論の世界を根底から覆した自然科学者だが、二度の世界戦争の時代を生き、晩年には平和や政治に関わる発言も臆せずに行った。

そんなかれが『マンスリー・レヴュー』の創刊号で、素人として、と断ったうえで、社会主義を論じたのである。アインシュタインは、社会主義というイデオロギーではなく、言葉の文字通りの意味での「社会」に根本的な信頼を寄せており、その立場から社会主義を評価した。スウィージーらが創刊号に社会主義の理念を示すために、敢えて経済学者以外の「素人」の考察を選んだことは、経済学が価値や理念を捨象して専門化したことの逆説的な証左ともいえる。

アインシュタインは社会主義が、「略奪時代[40]」という発展段階を脱するために掲げられる、人間の未来の方向性であり、社会的・倫理的な目的に向けられていると位置づけた。かれによれば、経済学は人間が集まって行うことを分析するため、そこに「科学」的法則性を見出すことはむずかしい。しかし、アインシュタイン自身もその担い手の一人である「科学」にできることはたかだか、与えられた目的にいかなる手段で到達するかを専

39 Einstein, A, 1949, Why Socialism?, *Monthly Review*, 1(1), May/2009, *Monthly Review*, 61(1), May.（『マンスリー・レヴュー』六〇周年を記念して、同誌にリプリントが掲載されたもの）。

40 略奪時代と呼んだのは、制度学派経済学のソースタイン・ヴェブレンであった。

門的に考察することにすぎない。ところが経済学や社会科学は、社会的・倫理的な目的そのものを定めることができる。その方がずっと重要であり、またそのためには科学や専門家だけでは十分ではない、そう主張したのであった。

アインシュタインは「食糧、衣服や家、仕事のための道具、言葉、思考様式、思想的内容のほとんどをひとに与えるのは『社会』である。ひとの生は、『社会』という小さなことばの陰にひそむ、過去や現在の何百万ものひとすべての労働やその労働が成し遂げたことによって、はじめて可能になっているのだ」と述べている。経済学が必死になってみずからを科学に接近させようとし、マルクス主義、共産主義をもっぱらイデオロギーとして冷戦的対立構造の政治の枠組みのなかでのみとらえていた時代にあって、移民としてアメリカ国籍を取得した超一流の自然科学者が、イデオロギーを超えて「社会」に希望を託したのは、皮肉というか、少なくとも、とても興味深いことである。

第四章　経済学からの「価値」の切り離し――「社会主義経済計算論争」の行方

ようやくポランニーの登場である。かれが経済学に関わり始めたのは、人類史上初めての世界戦争後の時代であった。

戦争や大災害が起きると、物資が欠乏して需給バランスは大きく崩れ、やがておカネは無価値になる。この事態を目の当たりにして、社会主義と親しい立場にあったオットー・ノイラートは、競争なし貨幣なしの実物経済に希望を託した。

一方、現代にも続くリバタリアニズム（自由至上主義）やネオリベラリズムの祖とされるルートヴィヒ・フォン・ミーゼスは、そんな原始的な体制は非現実的だと否定した。またかれは、マルクス主義者が倫理で経済を押さえつけることへの反発もあって、責任はカネで解決すればよいという自己責任体制を擁護した。元祖ネオリベここにあり、である。

両者のいずれからも距離をとったポランニーは、孤高かつ愚直なまでに公正の理念を保ちつつ、しかし貨幣の存在をも否定しない独自の政治・経済構想を立てた。ポイントは、コスト（費用、犠牲）を人びとがどのようにとらえ、いかに算定するかを理論の中に明示的に組み込むことにあった。それは他者とともに社会を生きることに自由さを見出す構想であった。

敗戦諸国の復興計画

一九世紀のドイツ語圏の経済学を牽引する経済学者を輩出していたドイツ帝国とオース

トリア・ハプスブルク帝国は、ともに第一次世界大戦で敗戦し、いずれも帝国としては崩壊した。第一次大戦中にソ連という史上初の社会主義国家が誕生するなど、この時期、経済学、経済思想は大きな転機を迎えていた。

戦後の廃墟からの復興を果たすためにはどのような経済運営を行うべきなのか、各国は方針を決める必要に迫られたが、そこで、資本主義的市場経済に対する実現可能な代替案として、計画経済が浮上した。経済運営を自由な市場のはたらきに委ねるのか、それとも中央政府による計画に沿って進めていくかという選択肢が、机上の空論ではなく現実の政治体制の選択と連動して考えられることになったのだ。これが、後に「社会主義経済計算論争」と呼ばれることになる論争の中心テーマであった。

この論争において独自の社会主義的構想を示した一人が、ポランニーだった。かれは一九二〇年代に独学でマルクスを読みつつ、またソ連型とは異なる社会主義の構想を提示しつつあったイギリスのギルド社会主義なども学ぶとともに、その一方ではオーストリア学派経済学の主観価値論もとりこんで、ミーゼスとの誌上の論戦に加わった。[41]

ポランニーは、他の多くの人びとが切り捨てた「公正・正義」の観点を社会システムに組み込もうと格闘して、社会主義と計算に関する独自の立場を切り開いた。その際、メンガーによる広義の経済の考え方を継承した。方法論争の後、メンガーが生涯を懸けて情熱を注いだ自由主義的経済のヴィジョンは、皮肉にも社会主義者を自称したポランニーに受け継がれたのだった。[42]

ただしこの論争の中心にいたのは、ポランニーではなかった。自由な市場を擁護した代表的論客はオーストリア学派の第三世代のミーゼスであり、[43]社会主義の側の論客は、オッ

41　ポランニーは一九二二年と一九二四年に論考を書いているが、日本語訳のアンソロジー『経済の文明史』(玉野井芳郎・平野健一郎編訳、ちくま学芸文庫、二〇〇三年)に、一九二四年論文が収録されている。注には訳者らの優れた解説が付され、一九二二年論文の核心部分についても理解できるよう工夫がなされている。ポランニーは当時、オットー・バウアーやノイラートのみならず、カール・カウツキー、レフ・トロツキー、ウラジーミル・レーニンらマルクス主義者、またドイツのヘルマン・ヴァイルやエドゥアルト・ハイマン、フランツ・オッペンハイマー、またイギリスのギルド社会主義者、とりわけジョージ・ダグラス・ハワード・コールの論考なども広く検討した。

42　ハイエクはメンガーが生涯をかけて改訂・拡充しようとした『経済学原理』の改訂内容を学派の伝統として認めず、メンガーの著作集を編纂した際にも、もとの『経済学原理』第一版を著作集第一巻とした。一方、断片的遺稿をまとめた第二版を重視したのがポランニーであった。

43　論争の出発点をミーゼスの著書『社会主義』(一九二二年)であるとする場合もあるが、ミーゼスはすでにその二年前に論考「社会主義的共同体における経済計算」(一九二〇年)を執筆している。

ト－・ノイラート[44]や社会民主党のオットー・バウアーらであった。

社会主義の再定義

ここであらためて、「社会主義」という概念を整理しておこう。[45]社会主義は、広義には古代にもその原型が認められるとはいえ、おもに一八三〇年頃からヨーロッパ諸国において、資本主義に代わる経済・社会の理念とされた理論、運動、体制のことである。

フランス、イギリスなどの初期社会主義者からサンディカリスム（労働組合至上主義）、フェビアン社会主義に至るまで、そこにはさまざまな流派があったが、計算論争と同時代のイギリスでは、ギルド、つまり職人組合を単位とするギルド社会主義が構想されていた。ちなみに、二〇世紀の終わり頃にいわゆる「東」側世界が崩壊した後でも、ラテンアメリカの二一世紀型社会主義の潮流があらわれるなど、社会主義は現代に至るまで繰り返し構想され、また実際、実現され続けている。

社会主義の根幹には、私的所有の廃棄の考えがある。第三章でみたとおり、経済発展のダイナミズムを生み出すのは資本、すなわち「元手」である。そこに労働や資金が投入されて生産が行われ、利潤が生まれ、再生産のサイクルが可能となる。したがって、何が資本であるかという問いと同時に、誰がそれをもっているのか、そこから上がる利益は誰のものになるのかが重要な問いとなる。社会主義はこの点に着目し、「元手」を社会、すなわち共同体をなしている人びとの手に取り返そうとした。その土台を支えるのが、人びとが集まって働くこと、そして労働を価値とする考え方である。

ここから四つの原理、理念が派生的にあらわれてくる。第一に挙げられるのが、「分配の平等」である。これは労働を私的所有から解放し、生産の成果物や利益に関しては、各自のはたらき（労働）に応じて分配を行うことが、平等かつ公正な原理であるとするものである。しかしまた、分配は労働に応じてではなく、必要に応じて行うという連帯原理をおく共産主義のヴァリエーションがあることも確認しておきたい。

第二に挙げられるのが「集団化」である。これは私的所有の廃棄に際して、生産手段の全部または一部、たとえば土地や基幹産業の設備、また交通や流通手段などを含む「社会的」な生産手段などを集団所有とすることを求めるものである。ここで問われるのは、生

44　直接にはノイラートの著作『戦時経済を通じて自然経済へ』（一九一九年）と論考「社会化のシステム」（一九二〇年）だが、さらにさかのぼると、ミーゼスは一九一九年に刊行した著作ですでにノイラートのそれまでの仕事を暗に批判していた。

45　今村仁司による定義（「社会主義」『岩波哲学・思想事典』岩波書店、一九九八年）を参考にしている。

産手段のうち、何がとりわけ公的、社会的な性質をもつかを定めることである。またその所有だけではなく、生産手段に関わる組織の運営や経営を集団的にすることも重要になる。この点は、次の第三の原理にも関わってくる。

その第三の原理とは、「労働者による管理」である。これは生産過程や企業において、労働者たちの民主的な自主管理を求めるものである。理念としては、経済活動の典型的な場所といえる生産の現場を、民主主義の学びの場としてこれを実現することが、「生産共同体」を実現する前提条件であると考えられた。

そして最後の第四が、「計画的管理」である。社会主義においては、国家が上記の諸原理にしたがう組織や企業と提携し、社会全体の生産量や価格などを計画し管理することが資本主義的競争原理を克服すると考える。ここでは市場を通じた調整は、いわば反面教師となる。市場に自己調整的なはたらきを漠然と期待している限り、経済運営が上記の三つの原理や理念と乖離していくリスクから逃れることはできないと考えるのである。

本章で見る「社会主義経済計算論争」は、これらの諸原理をめぐって、現実に出現した社会主義の国家体制下の経済運営も間近に意識しながら行われた。

経済運営に貨幣は必要か

論争は、合理的な経済運営に貨幣は必要かという問いから始まった。提起したのはノイラートであった。かれは、一九一〇年代ごろからバルカン諸国の戦時経済の事情を研究し、戦時期には貨幣が無価値になってしまったことを念頭に、貨幣なしの経済運営の方が合理的であると主張した。

ノイラートはウィーンで生まれ、はじめウィーン大学に学んだが、ベルリン大学でシュモラーやボルトキェヴィッチらの下でも学んで古代経済史研究で博士の学位を取得した。それから第一次大戦末期のドイツにおいて、「社会」化、すなわち生産手段の国有化のプランを構想するように乞われ、バイエルン州の評議会共和国の成立に大きく貢献した。ところがその体制は半年ほどであっけなく崩壊し、革命政権への関与の容疑で投獄され、数週間を獄中で過ごすという憂き目に遭《あ》った。

かれの言葉として知られているものに「ノイラートの船」がある。その一節にはこうある。「〔航海中の船乗りたちは〕旧《ふる》い構造の梁《はり》に加え浮遊する木材を利用しながら、船の骨組みや船体を改良してゆく（中略）。船をドックに戻してゼロから出発するということはできない。（中略）新しい船は旧い船から少しずつ生まれてくる。（中略）これがわれわれの運命なのである」[46]。「旧い船」の舵取《かじと》りを任された者としての使命感がひしひしと伝わってくる言葉である。その後ノイラートはウィーンに戻り、バウアーらが率いるオーストリアの社会民主党にコミットしながら、「共同経済研究所」の事務局長として、なおも社会化のテーマを考察し続けた。

ノイラートは統計データの情報などから、貨幣なしで合理的計算を行う方法を構想し、このような実物経済を「自然経済」と呼んだ。[47]「自然経済」における合理性は、機械的・非人間的で冷酷なものでは決してなく、むしろ個人の性質の多様性を活かした人間的な経済への道筋を示すものである。事態を非人間的に変質させるのはむしろ、ひとが他のひとと競い合う競争プロセスである、そうノイラートは考えた。

一方、市場を擁護する立場に立つミーゼスは、痛烈に「自然経済」を批判した。原始の単純経済や資本主義から一時的に逃れるだけのオアシスとしてならともかく、複雑化した経済においては貨幣が存在しなければ市場はうまく機能せず、経済活動に支障をきたす。ミーゼスにとって貨幣とは、市場取引における究極の財、商品であり、経済活動にとって決定的な役割を果たすものであったのだ。

かれのよりどころとされたのは、メンガーの貨幣論、すなわち、市場において売り手と買い手が出会うときに互いが必要なものを得られる可能性は低いので、とりあえず交換しておける暫定的なものとして貨幣が用いられ、これが次第に広く流通するようになったという逸話を貨幣の起源とするものであった。実はそんな歴史的事実はないのだが、なぜか、かなりの経済学者が今も何となく信じている。[48]

ともあれミーゼスは、「経済計算のないところに経済はない」と断言した。念頭にあったのは、経済システムにおける計算単位としての貨幣であった。かれによれば、企業活動にとって重要な技術革新や組織の再編なども、生産手段の私的所有と貨幣的交換のシステムがあってこそはじめて可能になるのであった。

私的所有と自己責任の論理

しかし論争の核心はもちろん、経済運営にあたって自由主義でいくのか、それともマル

46　桑田学『経済的思考の転回』(以文社、二〇一四年、二〇〇頁)。「ノイラートの船」の比喩は獄中で書かれたという「アンチ・シュペングラー」に出てくるが、この比喩はすでにそれ以前から、繰り返し用いられていたようだ(前掲書、一九九頁)。小林純「幸福学者ノイラート —— 知識と決定」(『立教経済学研究』六〇巻四号、二〇〇七年、四一頁)も参照。

47　ノイラートの方法は、実物経済、自然経済における「自然計算」と訳されることもあるが、貨幣を想定しない体系であり、計算というよりはもう少し大まかな(会計)勘定という方が適切かもしれない。

48　第一一章で検討するが、近年デヴィッド・グレーバーの『負債論』が、人類学的知見を駆使して貨幣、負債の起源を論じ、これを批判した。

クス主義、社会主義、共産主義でいくかであった。ミーゼスが批判の対象としたのは、直接的にはノイラートのヴィジョンだったが、もう少し一般的には、ドイツ語でいうところの「共同経済」であった。[49] ノイラートやバウアーが生産手段の集団所有、共同所有をよしとしたのに対して、ミーゼスはそれが、倫理的基礎づけを持たなければならないという、時代遅れの思い込みに基づくとした。消費財の分配の仕方については、各国家、各共同経済で何らかの比率を定めればよいとして、分配にはまったく重きを置いていない。

ミーゼスは、マルクス主義や社会主義の所有論、分配論のなかに倫理的なニュアンスを嗅ぎ取り、もっぱらその点ばかりを批判した。ミーゼスによれば、マルクスやマルクス主義者たちは、人間の良心の絶対無条件的な道徳律だけに基づいて社会主義的共同体は構築可能と考え、必要とあらば、これと相容れない人間の本性でさえも再調整できるとまで言う者がいる。[50] ミーゼスは、これらをきわめて短絡的なユートピア主義にすぎないと断じ、現実世界においては、個人は誰しも他人よりも自分のことにもっとも一生懸命ではないか、マルクス主義はそこをどう考えるのかと問いつめた。

ミーゼスの考え方は、やがてその著『ヒューマン・アクション』（一九四〇年）で示すことになる、リバタリアニズム（自由至上主義）、ネオリベラリズム的な「おカネ至上主義」であり、企業や組織に関しても、その考えは一貫していた。たとえば、かれによれば大企業を率いる者は、親族などではない、さまざまな人びとの手に分散した資本を所有し、株式投機などで利潤を増大させなければならないという、ビジネス的利害関心にしたがっている。すなわち企業家が関心を持つのは、公的な関心などとはまったく異質な、私的所有と競争の存在するシステム内でのみ可能な、企業家的活動やマネジメントを支える利害なのである。

企業や組織における決定権のありかた、権力者決定の（政治的）プロセスなどの「統治」の実践に関しても、ミーゼスは一貫して、そこに倫理が介入することを批判した。特に着目されたのが、貨幣を生み出す組織としての銀行であり、その意味においては、シュンペーターに通じる見方を示している。中央銀行を社会化して貨幣なしのシステムにしてしまっては、企業家への信用創造の機能を確保できず、もはや銀行とはいえなくなる。また中央銀行の総裁指名などをコレギウム、つまり人びとによる協議会で行えば、自由な発

49　ちなみにこの共同経済が英訳では（社会主義）国家となっており、ニュアンスに相当の開きがある。ややまどろっこしいが、社会主義国家／共同体というところだろうか。
50　ここでのミーゼスの批判対象はカウツキーであった。

想が萎縮し、大胆な技術革新は稀《まれ》になる。ミーゼスは銀行のみならず、あらゆる組織や企業の社会化のデメリットとして、自由度の低下を強調したのだった。

かれはさらに、自己責任の論理こそが倫理や道義の代わりになると考えた。「[社会主義的]実践においては、財産をもたない経営者が損失を発生させたら、道徳的な責任をとらなければならない。そこでは物質的な利益を得る機会が、倫理的損失と隣り合わせである。一方、資産の所有者は、賢く行動しなければ損が出るだけだとわかっている」。つまり私的所有無しの道徳的な責任の取り方と、私的所有のもと、失敗してもおカネを払えば済むというあり方とを並置して、おカネによる解決を優位としたのである。

しかし実際には、「賢く行動」したとしても、やはり損が出る場合もある。事業に失敗すれば、おカネは失われ債務だけが残る。そうなれば、もはやおカネでけりを付けるという責任の取り方はできない。そんなときには、やはり経営者であっても道徳的な責任を感じるのではないだろうか。事業に失敗した経営者が「いっそ死んだら楽になる」とか「死んでお詫びを……」と思ったという経験談をきくことがあるが、ミーゼスのロジックは、そんな超えてはならない一線の際にまで人を追い込みかねないのだ。「カネがすべて」という考え方は、たしかに起業への誘い水にはなるかもしれないが、論理としてはきわめて粗雑で無責任なものである。

結局ミーゼスにとっての経済とは、所与の目標、目的（ゴール）に向かってもっとも無駄なく到達するための合理的な手段にすぎず、経済学も、そのことを明示する以上のものではなかった。かれはノイラートのいう非常時のコミュニティの人間的な合理性を否定して、そのようなものは平時になれば、競争と経済合理性のふるいにかけられて消失するとした。目標、目的（ゴール）が所与であるとはつまり、経済活動の担い手が何のためにそれを行うのかなどということを、考えなくてもよいということにほかならない。そこでは手段だけが重要となり、したがってわき目もふらず効率性、合理性を求めて競争すること自体が、経済活動の内実となる。だがしかし、これが「自由」だというのは、まったくの倒錯ではないだろうか。

価値の「脱落」

ミーゼスの「共同経済」批判に対しては、社会主義者らから逆批判があり、ミーゼス自身はこれにふたたび、みたびと応えた。それから一〇年あまり後、弟子の一人であったオーストリア学派第四世代のハイエクが、論争を継承しつつ、イギリス、ドイツ、イタリアやオランダ、ソ連などにおける同様の議論に広く目配りしたうえで、ミーゼスの一九二〇年の論考の英訳とみずからの二本の論考、さらには数本の関連論考の英訳をまとめ、編著

『集産主義経済計画』（一九三五年）を刊行した。この整理は現在に至るまで、論争のほぼ通説的な理解となっている。

ハイエクの功績は、ミーゼス自身も言及してはいたもののいまだ十分には焦点化していなかった「市場」の存在に、理論的に踏み込んだことにあった。[51] ミーゼスは市場の象徴的存在として貨幣に力点を置いたが、ハイエクは市場論そのものを展開した。すなわち、市場における競争プロセスによって、個々の参加者のバラバラな価値が暗黙の調整を経て価格となって体現され、やがて社会が一定の秩序に至るという議論である。

ハイエクの社会秩序のイメージは、かつてアダム・スミスら古典派経済学が展開した自然価格に近かった。ハイエクによれば、市場の機能とは、競争を介して社会秩序を形成することであった。かれが競争を市場にとって決定的な要素であるとしたことは、競争が経済活動を非人間的にするとしたノイラートとは、およそ対照的である。ハイエクはそこからさらに、個人がそれぞれもっている知識も価値としてとらえ、その部分的な知識が市場で活かされて秩序に至るという、独自の市場秩序論を展開した。[52]

ハイエクの整理を経て、論争の重点は「社会主義経済計算論争」から「集産主義経済計画論争」へとその重点をシフトした。つまり、社会主義という理念やイデオロギーの問題ではもはやなく、個々人の情報が市場においていかに集計され得るか、またそれを中央当局の計画、指令のもとに集産主義的な体制で行うことができるかが問題とされることになったのだ。

ハイエクは、ミーゼスの論調を引き継ぎ、『集産主義経済計画』冒頭で以下のように述べている。「長い間、社会主義の議論はほとんどもっぱら、倫理的、心理的論点に基づいていた。社会主義的な線に沿って社会を再組織化する際に正義は求められるのか、どのような所得分配の原理が公正とみなされるのか、などの一般的な問いがあった。また社会主義システムがうまくはたらくために本質的とされる道徳的、心理的性質を、人間は持ち合わせているのかが問われた」。

しかしこのあとでハイエクは、「それらは倫理や価値の個人的判断の問題であって、さまざまな人びとが賛同したり反対したりし、経済学者が理性ある議論をできないものであ

51 そこに付した概要のなかでは、もちろんバウアー、ノイラートとの論争に触れた箇所はあるが、ミーゼスと並べてマックス・ウェーバー、ボリス・ブルックスの名を挙げ、さらには論争に先駆けてミーゼスの議論を論駁していたイタリアのエンリコ・バローネの仕事も紹介している。
52 ハイエクの著作『個人主義と経済秩序』(一九四八年)は、かれの市場概念を提示した論考集である。やがて一九七四年には、おもにこの業績を評価されて、ノーベル経済学賞を受賞した。

る」と述べている。かれはオーストリア学派の代表的論者として、社会的なものを重んじる相手方の正義や公正の理念のみならず、みずからの学派の主観価値や心理学をも理論経済学の範囲から外したのだ。「価値」は経済学の領域から、かくして完全に脱落した。

もう一つの強調点は、計画経済と戦争との関わりであった。ハイエクは、生産の組織化・中央集権化が競争システムに代わる優れたシステムとなるのは戦時下においてだけのことであり、[53]計画経済とは、戦時経済を平時に適用しようとするものにすぎないとした。たしかにノイラートが実物経済を構想したのは、貨幣が無意味になった戦時下のことであったから、これを一般化するなら貨幣のない計画経済体系とは、非常時、戦時の経済体系であるということになるだろう。ただしこの点のみを捉えて、自由主義こそが「平和」の理念に適うとするのは、あまりにひいき目にすぎるだろう。ハイエクはただ、戦争との関わりを持ち出すことで、計画経済に否定的な立場を示しただけである。むしろここで、以後の経済学の歩み行きにとって決定的となったのは、経済学からの価値判断の切り離しのほうなのである。

こうして論争の中心テーマは、貨幣から市場の機能へとシフトした。ミーゼスが社会主義のもとでの計算を「不可能」としたところをハイエクは、市場なしでの計画的価格計算は技術的に「非実践的」であると言い換えた。ちなみにこれは論敵の社会主義陣営からは、理論としての後退であると批判され、また後にオスカー・ランゲらによる市場的社会主義概念によって論駁《ろんばく》されたとされている。ランゲらの市場的社会主義とは、中央計画当局がすべてを決定せず、市場の仲介の役割を果たし、実際の調整は需給に任せるという社会主義であった[54]。

時代の経過とともに、東欧諸国の社会主義下での経済の実践が市場的社会主義の現実性を裏付け、その後のコンピューター技術の発展によって、ハイエクが非現実的と想定した計画経済計算の現実的な道具立てもいまや可能となった。市場の計算可能性は、アルゴリズム的な合理性にもよく馴染《なじ》むものであり、近年にはこの点でのハイエクの理論的な再評

53 なおハイエクは『隷従への道』(一九四四年)でこの論理を繰り返し、全体主義批判とした。それはやがてミルトン・フリードマンらに引き継がれ、新自由主義の大義として繰り返し用いられることになった。

54 分析的マルクス主義は、一般均衡理論やゲーム理論といった近代経済学の理論装置を用いてマルクスの理論を捉えなおす一派である。その一人であるジョン・ローマーが『社会主義の未来』(一九九四年)という著作の中で、市場的社会主義に至る五段階をまとめたが、かれはこれをむしろ、社会主義による「市場」への譲歩のプロセスとみた。

価も進みつつある。なお二一世紀に入って以来、市場社会主義は、とりわけ現代中国の経済システムを想起させる概念へと変化しつつ、概念的有効性をいまなお問われ続けている。

積み残された「理念」と社会的費用の概念

計算論争の展開の中でも、たしかに市場的社会主義というあり方が論じられてはいたが、計画経済と市場が両立できるとしても、当初、理念として抱かれていた分配的正義や公正が市場の調整にまかされる点に変わりはなかった。社会主義経済計算論争は全般的に、理念や倫理、価値観の対立を回避する形で整理され、終結してしまったのだった。一方、このような流れと異なる構想を立てていたのが、ポランニーであった。以下では社会主義の原理として確認した先の四つの軸を振り返りながら、ポランニーの考えを概観してゆこう。

もっとも根本的なのは、四つ目の「計画的管理」であった。ポランニーは、論争の両陣営が、「市場経済」対「市場のない経済」を資本主義対社会主義の対立と同一視し、さらには、社会主義経済を集産主義的、国家社会主義的経済、また交易なし、市場なしの中央集権的指令経済と同一視してきたことが誤った問題の立て方であったとした。そしてむしろ、計算や会計（アカウンティング）という簿記の概念やプロセスから、問いを起こすのがよいとした。[55]

これは、一八世紀にフランソワ・ケネーが農民の穀物をめぐる経済循環から「経済表」を構想したように、経済現象の事実としては第一次的には計算と会計が重要であり、経済理論はその後にくるという立場である。ケネーの時代にも貨幣は存在していたが、二〇世紀のような制度やシステムは、まだ存在してはいなかった。ポランニーは、社会主義経済における計算単位としての貨幣の位置を考えることにより、ノイラート、ミーゼスのいずれからも距離をとった。かれによれば、貨幣とは、計算の元となる数量的な単位であり、一方、会計とは数で示された経済への見通しである。そう定義した上で、その見通しを定める際の目的として「公正」の原理を置いたのだ。

社会主義経済の目的は、技術的な意味での生産性を最大化することだけではなく、人び

55 玉野井芳郎は、ポランニー『経済の文明史』一五五頁の訳者注において、ポランニーの Rechnung の概念は「『会計』に近い概念であるが、それでも、実際の会計よりはやはり抽象的、理論的なものである」としている。

との社会的権利や公正[56]という要請に従って分配を行うことにある。ポランニーは、生産の重要性を認めた上で、それよりも分配の方が重要であり、より多く生産するという生産性の基準とは異なった分配の基準が定められる必要があると考えた。

分配には、もの（財）の分配だけではなく、労働という苦役の分配もある。そこでポランニーは、まず社会主義の第一の原理として「分配の平等」を考えた。社会主義、共産主義の二つの分配の仕方は、いずれも個人の能力と必要とするものが異なることを前提としているが、この前提を尊重して、仕事や財の受け取りを決定することに実質的な平等の基準が置かれている。これが、かれが目的とした社会的権利、公正の内実であった。また生産性については、最小の苦役によって財の量をできる限り増大させるという技術的生産性もたんなる一つの見方にすぎず、社会の観点から見た別の生産性、たとえば公共の利益に役立つという意味での生産性の方がより重要であるとされた。

分配の判断を行う主体や組織、制度としては、第三の原理である「労働者による管理」を構想した。個々人は労働者、働き手としては生産団体に属するが、他方で消費者や文化の担い手などとして、一定数のコミュニティ（ポランニーはこれをコミューンと呼ぶ）にも属している。所属するコミュニティは、二つ以上あってよい。実際、どんな体制のもとであれ、人びとの現実的な暮らしにおいてはそうだろう。このような複数の人間集団、つまり「社会」において、人びとがそれぞれ自分の欲求や要求を打ち出したり互いに調整したりしていくのが、実質的な決定方法であるとした。こうして考察の力点は、ミーゼスやハイエクなどとは異なって、政治的な領域にも等しく置かれることになる。

ポランニーは、社会主義経済にとって政治は不可欠なプロセスであるとして、経済の領域から政治を排除しなかった。ただし政治には、社会における力関係、支配・従属関係だけでなく、社会的承認関係というあり方も存在するとしている。ミーゼスは、政治と経済のどちらが最終的決定権を持つのかと批判的に迫ったが、ポランニーは、それぞれの社会における互いの承認を通じて、その都度、調整を図ればよいとした。

ただし、承認や調整のための計算の手がかりとして、費用（コスト）を考慮に入れる必要がある。この点が、社会主義の第二の原理である「集団化」に関わることになる。中央当局が計画し確定する固定的なコストの数値だけが費用とされて決定論的に進められたのでは指令経済、統制経済になってしまう。社会主義経済をそれとは別の体系にするためには、個別の集団単位で議論を行い、何をどこまで費用として組み込むかを合意し確定する

56　ドイツ語のRechtは、英語のrightに相当するもので、権利であり正義であり公正である。

必要がある。ポランニーは、この費用を「社会的費用」と定義して、ここにかれの構想の核心部分があるとした。

ちなみに社会的費用という考え方は、ポランニー以外の経済学者によってもすでに構想されていた。やがてそれは二〇世紀の後半以降、社会的な権利や公正の理念を実現するための重要な概念として、次第に評価されてゆく。社会的費用に関する議論の詳細は第三部であらためて確認するが、結論を先取りすると、この社会性こそが、科学や計算の合理性に対して人間社会の理性が依拠するところの、唯一にして最大の砦となるのである。

第二部　「アメリカニズム」という倒錯

第五章　「自由」か「生存」か――大戦間期の「平和」の現実

　科学や技術が戦争に利用されるようになると、経済学も戦争と平和の問題に深く関わることになった。自由を謳《うた》う側が提唱する平和構想は一見説得的ではあったが、実は圧倒的に強者の論理であり、またやがてはＡＩに結実することになるような、いわゆる「合理的推論」に沿って、ただたんに平和を概念的に定義しただけにすぎないものでもあった。

　しかし平和とはほんらい、そんな小むずかしいものではないはずだ。ひとの暮らしがそれぞれ違っており、にぎやかでやかましかったり、あるいは間が抜けていたりというように、平和もまた、ムダや遊びを大いに含む、ユーモラスで優しいものであるはずだ。生き延びるためには自由を手放し相互に監視し合わなければならない、などと厳しい選択を迫られるのは、人間の生存が脅かされているときだけにしていただきたいものだ。ところが生の解放を標榜したはずの自由主義は科学に服従して生きる感覚から乖離し、まさに人間の生存が脅かされているときに、人間の重みを失って空回りをはじめていた。そしてやがて、致命的に軽くなる。

その延長線上にできたのがゲーム理論である。だがそれは、貨幣的利得に関する、たんなる合理的推論の公理的体系を提示したにすぎなかった。多様な価値についてはこの理論では考えることができない。ゲーム理論の信奉者は、それは美しい体系だという。だがその理論的「美しさ」が、ひとの「よき生」に、いったいどのような貢献ができるというのか。

精密科学としてのゲーム理論

オーストリア学派の第四世代、ハイエクの同時代人に、オスカー・モルゲンシュテルンがいる。ハイエクがイギリスで計算論争を整理していた一九三〇年代、モルゲンシュテルンはウィーンで、自然科学と社会科学が近接して議論を交わす知的環境に身を置きながら、経済学のさらなる精緻化を考えていた。かれはメンガー以来の主観価値論の価格決定の曖昧さや、時間が利子・利潤を生むという理論の、理論としての雑駁さに不満を抱いていた。

二〇世紀の初頭以来、論理学、哲学の分野では、アルフレッド・ノース・ホワイトヘッドとバートランド・ラッセルの『プリンキピア・マテマティカ』(一九一〇〜一九一三年)やクルト・ゲーデルの不完全性定理の証明(一九三一年)が、論理に関わるすべての科学に再考を促し、アルバート・アインシュタインによる相対性理論が、物理学のみならず時空間の認識の根本的な問い直しを求めていた。ルートヴィヒ・ウィトゲンシュタイン、カール・ポパーらはウィーンの地で、自然科学と社会科学、人文知の橋渡しとなる仕事に取り組んだ。またノイラートを含む数名は、論理を「実証」することの意味を問い、統一科学の体系を構想した。後にウィーン学団と呼ばれることになる集団である。モルゲンシュテルンはポパー主宰のセミナーで報告を行うなど、これらの人びとにも間近で接していた。

やがて一九四〇年代、モルゲンシュテルンはナチズムを逃れた亡命先のアメリカで、物理学者・数学者でもあったジョン・フォン・ノイマンと協働（コラボレーション）を行った。フォン・ノイマンは「ゲーム理論のために」（一九二八年）において、「ホモ・エコノミクス」、つまり利得の最大化だけをめざす抽象的な利己的人間という概念を、従来のものとは異なる出発点から考えていた。つまり一人ではなく二人のホモ・エコノミクスがそれぞれの利得の最大化を求めたら、結果はどうなるのかという問いを立てたのだ。

二人のホモ・エコノミクスは、対立を意識しながら互いの出方を探り合ったり、ここにもう一名が加わって一方と協力、共謀し、三人目を出し抜いたりする。フォン・ノイマンは、こうした対立、競争と協力の行動の選択肢と結果をモデル化し、そこで最適な選び方を示した。これを「ゲーム」と名付けたのはフォン・ノイマンの才知であった。アメリカでのモルゲンシュテルンとの協働は数年に及び、オーストリア学派の体系は、アルゴリズム的な公理体系として整備された。協働の成果は共著『ゲーム理論と経済行動』(一九四四年)に結実し、ゲーム理論が体系化された。

しかし、ここでいうホモ・エコノミクスは一見、他者との関係でさまざまな感情を持って意思決定を行うようだが、それは「ウィン・ウィン」、つまりたんなる「双方とも勝ち」を目指すだけであり、他者への「配慮」は、みずからの利得に適う限りでしか存在しない。もちろん「ホモ・エコノミクス」は公理としての方法論的な仮定にすぎず、現実の人間がそうだとまで述べているわけではない。とはいえ理論が多くの場合、ひとへの説得役を果たし、結果的に人間の思考や行動の指標となることを考慮すれば、たんなる公理だからで済ますのは、やはり無責任の誹《そし》りを免れない。他者への思いが「ウィン・ウィン」だけであるような人間関係は、なんとも貧弱でうすら寒い。

戦略研究から抑止論へ

ゲームを理論化するという新奇さのため、経済学界からはしばらく反応がなかったが、冷戦時代に入った一九五〇年代のアメリカが、戦略を立てるために優秀な経済学者や政治学者らをランド研究所などに結集させ、理論的発展の制度的基盤が整えられた。集まったトップ・エリートたちは、まるでゲームをするように、対立と協力の最適解を考える手法にのめり込み、モデルを洗練させていった。こうしてゲーム理論は戦略研究として、大いに発展を遂げることになった。

二人のホモ・エコノミクスという仮定は、超大国が互いの出方を探り合い、武力攻撃に及んだ場合の結果的損失を見通して、現在の軍事行動を行う際の合理的な意思決定の分析に活かされた。ジョン・ナッシュやトマス・シェリングらの貢献により、最適な戦略は戦争による損失の回避であることが明らかにされ、やがてこれが抑止の論理として定着した。もっとも、合理的判断はときに「囚人のジレンマ」と呼ばれる事例のように、かえって望ましくない結果をもたらすことも明らかにされ、ジレンマが繰り返される場合、相手の出方に合わせて協力し合う方が利得を高くできるという実験結果も示された。[57]

武力攻撃がなされないという意味での戦争回避が平和であるとすれば、自由主義経済学から派生してアルゴリズムの論理を組み込んだゲーム理論も平和に貢献したといえるだろう。対立する主体の双方が、持てる武力による脅威を誇示し合い、これをもとに武力攻撃を踏みとどまるという抑止の考え方がゲーム理論から導出され、国防や安全保障の典型的な論理となったからだ。しかし、その名のもとにおける示威のための軍備増強までをも平和に含めるとすれば、もはやそれは錯誤以外のなにものでもなく、平和そのものの概念が変質していると言うしかないだろう。平和とは人が生きていくための大前提なのであって、科学や論理によって手続きの正しさを証明される類《たぐい》のものではないはずだ。

経済学は、科学たることを標榜して公正さ、正義など倫理的側面を捨象したにもかかわらず、あるいはそれゆえに、科学的に合理的な、アルゴリズム的な「平和」の理念の確立に、アメリカの地において貢献した。新興諸国の筆頭的存在として国際社会に躍り出たアメリカは、科学を味方につけることにより、皮肉なことに自由主義を「ひとの暮らし」から遠いものにしてしまう、その大きな原動力となったのだ。

「パクス・エコノミカ」の始まり

一方、平和のテーマを意外と地べたから考えたひとりが、エリート経済学者、ジョ

57　繰り返しのゲームの定式化には、第一次世界大戦の長期戦の経験が活かされたという。当時、戦争が思いのほか長期化していくうちに、お互い生き延びたいという思いがあり、敵の陣営ともこっそり食糧を分け合って、命を無駄にしない工夫がなされたらしい。ロバート・アクセルロッド『つきあい方の科学――バクテリアから国際関係まで』(原著一九八四年、松田裕之訳、Ｍｉｎｅｒｖａ21世紀ライブラリー、一九九八年、第四章)がこれに言及している。

ン・メイナード・ケインズであった。ケインズは、第一次世界大戦後のパリ講和会議にイギリス大蔵省の首席代表として出席したが、締結された講和条約への失望から職務を辞任し、『平和の経済的帰結』（一九一九年）を執筆した。講和条約は、アメリカのウィルソン大統領の一四ヵ条における平和、つまり勝者、強者による「平和」の考え方を反映していた。それは国際自由貿易を推進し、国家単位での平等を志向する一方で、敗戦国ドイツに対して多額の賠償金を科すものであった。ゲーム理論が誕生するより二〇年以上も前だが、ここには「科学的な平和」という考え方のおおかたが、すでに表されている。ケインズは、それが敗者を苦境に陥れることを顧みない勝者の横暴であることを見抜いていた。

　ウィルソンの一四ヵ条の考え方は、アメリカに滞在していたこともあるイギリスのジャーナリスト、ラルフ・ノーマン・エンジェルが二〇世紀の初頭に刊行し、ベストセラーとなった『大いなる幻影』に端的に示されている。[58] 当初のタイトル『ヨーロッパの視覚的幻影』は、地政学による地球規模での植民地拡張への野望が目の錯覚であり誤りであることを指摘するものであった。ノーマン・エンジェルは、戦争を無益で役立たないものと位置づけ、自由主義的国際貿易をはじめとする自由主義経済の国際ネットワークこそ、平和に寄与すると主張した。

　一見、中立的で説得的に見えるが、やはりこれも、みずからの損失を避けるために戦争を回避するという「ウィン・ウィン」発想の一種である。損得のみを考えるのであれば、損失よりも利益の方が大きければ戦争支持ということになる。またさらにもう一歩踏み込んで考えると、そこには拡張主義か自由主義かの二択しかなく、自由主義経済のネットワークとは異なる価値観を持つ者には居場所はない。

ノーマン・エンジェルは、そんなことには関知せず、ジャーナリストとして米西戦争やボーア戦争を取材した実践的な感覚から、無邪気な性善説のトーンで戦争回避の重要性を主張した。[59]「戦争が適者生存のためだというのは正当化にならない（中略）生物学的な比喩の深刻な誤読である。好戦的な諸国民は、この地球を受け継ぐことができない。かれらは腐敗した人間的要素の代表である」と。適者生存、生物学的な比喩というところから、進化論やダーウィニズムが意識されていることは明らかだろう。批判対象は、ハーバート・スペンサーの社会進化論であった。しかしこうなると、自由主義経済の国際ネットワーク

58　この書物は二〇〇万部の売り上げを記録し、二五ヵ国語に翻訳された。英米の篤志家の支援も得てカーネギー平和財団の設立のきっかけとなり、ノーマン・エンジェルは一九三三年にノーベル平和賞を受賞した。ただし当人は一九三〇年代頃には、第一次世界大戦を防げなかったことや、その後の緊迫した世界情勢に直面し、かなり考え方を変えていた。つまり、当人の思惑を超えて評価されたのであった。

に入れない者はみな好戦的で腐敗した人間だということになってしまう。

だが平和を希求するノーマン・エンジェルのこの「明るい」理想主義、政治的決定における経済的合理主義は、世界で広く受け入れられた。また第一次大戦直前ぐらいから、ノーマン・エンジェルの影響もあって、経済学者たちの少なくとも一部は、国際関係や戦争と平和というテーマがみずからの専門領域に関わると意識するようになっていた。[60]

一方、アメリカ大統領ウッドロー・ウィルソンは、第一次大戦が始まる前から、自国の将来的ヘゲモニー（覇権）に向けて新しい平和概念を準備しており、ノーマン・エンジェルの考え方にも接していた。[61]そして戦後の「平和の一四ヵ条」において、民族自決の理念や領土の確定を提案し、国際的なネットワークという平和こそが、正義や公正を実現する新たな理念であると主張した。つまり自由主義の側が平和の理念を謳うことで、正義や公正の理念もすべて引き受けるということである。無理がかからないはずがない。

国際的ネットワークとは具体的には、自由主義的な国際経済、とりわけ国際貿易が支障なく行われることであった。それは「和平を求めるすべての国家のあいだにおける、あらゆる経済的障壁の可能なかぎりの除去と、貿易条件の平等性の確立」（第三条）と条項に明示されている。「平和の一四ヵ条」は「パクス・アメリカーナ」、つまりアメリカをリーダーとする平和の始まりであると同時に、自由主義を保持すれば諸国が不合理な戦争を避けるので損失を最小限にとどめることができ、結果的に平和を保つことができるという、「パクス・エコノミカ」の始まりでもあった。

コストがかかるからという理由で植民地をもたない、求めない方がいいとか、経済的に合理的だから戦争をしない方がいい、平和がいいという論理はとても危うい。前にも述べ

59　ノーマン・エンジェルは当時、ジョン・アトキンソン・ホブソンやアーサー・ポンソンビーらと「民主的統制同盟（The Union of Democratic Control）」という団体を結成して反戦運動を行い、メディア批判を行った。ホブソンもまたジャーナリストとしてボーア戦争の取材に赴き、『南アフリカの戦争』（一九〇〇年）や『好戦的愛国主義の心理』（一九〇一年）などを著した。またホブソンは、ジョン・ラスキンやソースタイン・ヴェブレンの影響を強く受けて人間的な経済のあり方を追求し、ニュー・リベラリズムの一端を担った。その帝国主義論はレーニンに強く影響を与えたとされている。

60　「戦争の経済的原因と結果」と題して、戦争を科学的アプローチで分析する国際シンポジウムなども催された。会議にはベーム＝バヴェルクが出席し、シュモラーが招待されながら欠席したことなどが知られている。

61　専門委員会には、ジャーナリストのウォルター・リップマンや地理学者のイザイヤ・ボウマンとともに、ノーマン・エンジェルも関わっていた。彼らのあいだで、このような平和概念は、科学的平和と呼ばれていた。

たように、裏を返せば、儲《もう》かる植民地ならば存在してもいい、儲かる戦争はやった方がいいということになるからだ。[62]それでも、植民地獲得の侵略や帝国主義的な戦争を根絶すべきだとするウィルソンの主張は国際社会の支持を集め、国際連盟の規約にも反映された。さらに国際連合を通じ二一世紀に至るまで、基本的には自由主義的国際社会の基本方針であり続けている。

「カルタゴの平和」

一方、ケインズが『平和の経済的帰結』で指摘した通り、第一次世界大戦の敗戦国ドイツやオーストリアの立場から見れば、大戦後の国際社会体制はまったくもって平等どころではなかった。ケインズは、敗戦国に過剰な経済的負担を強いることを「カルタゴの平和」と呼び、ローマが敗戦したカルタゴに領土を割譲させ巨額の賠償金を科して滅亡させた戦後処理と同じだとした。敗戦国の経済的負担は歪みとなり、やがて世界経済のバランスにも悪影響を及ぼすことをすでに予見していたのである。

ケインズは国際関係の具体的現実に即して、敗者に寄り添う正義と平等を主張したが、その主張は講和条約には反映されなかった。かれは当時の国際自由主義経済と平和の関係に潜むリスク、勝者だけによる戦後処理のリスクを鋭く見抜いていた。と同時に、人間が生きていくこと、食べていくことを経済学が支えなければならないという根本的な使命も認識していた。

ケインズは、戦争によって人間の生存の基盤が崩れてしまったことを憂慮していた。それまでの一九世紀後半から二〇世紀初頭にかけて、かつて人びとがもっていた飢えへの不安、つまりマルサスが『人口論』で明らかにしたような、人口が増えると食糧が足りなくなって飢えるのではないか、貧困に陥るのではないかという懸念は、少なくともヨーロッパではおおよそ忘れられていた。

工業、農業のいずれにおいても、産業革命を経て生産規模や収益が拡大し、ヨーロッパにおける人口圧力は、[63]アメリカからの食糧供給、また遠隔地全般からの食糧、原料の調達によってまかなわれていた。飢えや貧困は、社会主義が主張するような分配の問題ではな

62 現代でも「正しい」戦争を論じる際に、損害を埋め合わせるだけの報復を「正しい」とする考え方が存在する。これも経済的合理性で戦争と平和を考える一つの流れといえる。
63 ケインズはこの時代にドイツ、オーストリア＝ハンガリー、そしてヨーロッパ、ロシアで人口が増加したことを指摘したが、ドイツ圏の食糧供給は南東欧、やがてアメリカなど、国外に頼る方向に傾いていた。

く、生産性の向上によって解消できると考えられていたのである。ケインズはこの時代を「幸福な時代」と呼んだ。ところがこの「幸福な時代」は、かれによれば、残念ながら世界戦争によってすっかり崩れてしまったのだ。

ケインズの指摘にあるように、一九世紀後半から二〇世紀初頭までのアメリカは、ヨーロッパの食糧供給地であった。そして第一次世界大戦後も、ケインズの憂慮とは裏腹に、アメリカは徐々に別の場所に供給地としての立場をゆずりつつも、科学の力を活かして農業生産の規模を拡大させ、世界の胃袋を支え続けた。ところが一九二九年の大恐慌以降、ケインズの憂慮がアメリカで現実のものとなり、やがて世界的な規模での危機が顕在化した。ふたたび迫り来ることになった戦争の脅威のなかで、第一次大戦の敗戦国に寄り添うことの意味もまた大きく変容した。大まかにいえば、「正義」や「平等」の理念が宗教まがいのファシズムの側に奪われ、自由主義の価値は大きく減退したのである。

乖離する「自由」と「生存」

イギリスの外務省代表団の一人としてパリ講和会議に出席したエドワード・ハレット・カー[64]にとっても、ケインズと同様、戦後の「平和」体制は納得のゆくものでなかった。カーは著作で、第一次大戦後の国際社会体制がわずか二〇年あまりで危機に陥った現実をみすえた批判を展開した。[65] 世界大恐慌後の一九三〇年代には、特定の国家や民族の空間的膨張を正当化する地政学的な論理が自由主義を圧迫し、生存を守るという論理が一種の「正義」として、より多くの人びとを惹きつけるようになっていた。

カーはノーマン・エンジェルを厳しく批判するにとどまらず、古典的な自由主義の時代以降の自由主義的な経済思想全般も、たんなる「利益調和の思想」にすぎないとして批判した。利益調和の思想には、個人が利益を追求すれば社会全体の利益と調和し、それが「自然と」公正な分配に至るという根拠のない期待が暗に含まれている。現代的な用語を用いるなら、「トリクルダウン」だろうか。カーによれば、それは経済活動で利潤を追求

---

64 カーは一九一六年から第一次大戦後の時期にかけて、ずっと外交官の任務に就いて過ごしたが、一九三六年に四四歳で初めて国際政治学の教授として教鞭を執り、『危機の二〇年——一九一九年から一九三九年』(一九三九年)をはじめとする論考を著した。またその後も激動の時局の変化の中で、ジャーナリストとしても大いに活躍した。

65 『危機の二〇年』や『平和の条件』(一九四二年)など。『危機の二〇年』は副題が「国際関係研究入門」であり、冒頭の一文は「国際政治学は、いま、草創期にある」である。このためカーは国際関係論や国際政治学の創始者とされる。カーの分析は通常、経済思想史の文脈で語られないが、近年の研究ではたとえばポランニーへの影響が指摘されるなど、再評価が進んでいる。

する人びとのみに有効な、素朴かつ楽観的な信念でしかなかった。衣食足りて余裕のある人たちの利益は他の人びとの利益とも調和するはずという、自身の状態の追認、正当化にすぎない、そう指摘したのだった。

興味深いことに、ここでカーが取り上げたのはヨーロッパの事例ではなく、アメリカのヘンリー・フォードの言説、「経済的に正しいことはすべて道義的にも正しい。よい経済と道義的によい行動との間に対立などあろうはずはない」であった。フォードは一九〇三年に創設したフォード自動車会社の社長として、大量生産・大量消費の時代を牽引していた。自由主義の中心は次第にアメリカへと移り、ヨーロッパは反自由主義的勢力の台頭という変化の局面を迎えていたのである。

だがカーは逆に、ノーマン・エンジェルからドイツ・ナチズムの擁護者として批判されることになった。国際政治における「意見を支配する力」として、ヒトラーやゲッベルスの言説を分析した際に、それに必ずしも批判的ではなかったためである。だがここではむしろ、理想上の「平和」主義を唱える自由主義の陣営と、生存の現実性に重きを置く陣営との乖離、対立を見て取ることの方が重要である。カーが求めたのは、科学や論理に依拠しない、本来の意味での平和の理念だったのだが、その意味が十分にくみ取られることはなかった。以下でこの点を、もう少し考えてみることにしよう。

「空中分解」

そもそも自由主義、自由主義的経済学者らのアメリカへの「移動」自体が両義的であった。アメリカに移住・亡命した、おもにユダヤ人からなる自由主義経済学者たちにとって、労働力を市場にのせ、どこへでも、自分が働きたいと思う場所に自由に移動できるということは、たんなる理論的な原則に基づく行為であるにとどまらず、現実として、迫りくるみずからの生命の危険を避け、安全な場所を求めるという命がけの脱出でもあった。いみじくも「自由に浮動する知識人（free-floating intelligentsia）」（カール・マンハイム）と名づけられたとおり、人間は誰でも身体一つ、頭脳一つをもつという意味においては「平等」なのである。身体と頭脳を携えてどこへでも行くことができ、どこへ移住し亡命しても通用する「普遍」的な知識をもっている、というのが、「自由に浮動する知識人」のスタンスであった。[66]

たしかにこのスタンスは、困難な時代を生き延びるための一つの術《すべ》ではあるだろう。しかし所詮それは、健康な身体と優れた頭脳を「もてる者」にのみ開かれた対処法にすぎず、あまり一般性はなかった。そもそもかれらは、同様に優秀な頭脳をもっている、富裕層をも含む人脈のネットワークをもっていたからこそ、亡命できた場合が多かった。そして、このような優秀な知識人たちの拠り所が、まさに科学の普遍性であった。

ゲーム理論的な抑止の「平和」概念や、戦争を避けることにコスト（損失）削減、節約という意味の経済合理性を見出す「科学的平和」というノーマン・エンジェルらの立場は、戦争や平和も「論理」で考えるという「恵まれた」知識人のものにすぎなかった。反対に、生まれ育った場所に根を下ろし、あくまでもそこに根づいて生きるしかない庶民の実感としては、そこに仕事があり食べていけることこそがまさに平和な暮らしだった。だからこそ、地政学的な「根づき」という考え方のほうが多くの人びとに受け入れられたのだ。第一次世界大戦後の復興の時期を経て経済危機に至った大戦間期の時代、自由か公正・平等かという根本的な理念の問いは、平和もしくは「食べていけること」をめぐって、空中分解を始めていた。ケインズやカーはこのような事態が顕在化するに先んじて、自由主義が生存の感覚から乖離してしまったことを強く警告したのである。

とはいえ、自由主義に反対するファシズム陣営の側も、むろんほんとうに人びとの生存を第一義に考えていたわけではなかった。ドイツ・ナチズムは人びとに雇用と食べものを与えることを約束し、自分たちこそが平和の使者であると謳い上げたが、次第に矛盾に陥り、やがては「バターよりも大砲を」というスローガンを押し立てて、人びとを戦争に駆り立てた。また一九二〇年代からイタリア・ファシズムを率いたムッソリーニは、逆に人間が飢えや身体的欲求に支配されることを動物的な堕落と断じ、人間だけの崇高な精神を体現するのは戦争であるとして、より直接的に戦争への動員を口にした。当時のオーストリアは、このドイツとイタリアにはさまれ、さらには自国におけるオーストリア・ファシズムの台頭とも相俟《あいま》って、自国から自由主義を締め出し、知識人の大量移出を促すことに

---

66 一九三〇年代の後半にイギリスでは、ドイツ・ナチズムを逃れて亡命してくる知識人らに救いの手を差し伸べ、働き口を提供する活動が可能になった。Academic Assistance Council（一九三三年設立）は一九三六年にはSociety for the Protection of Science and Learningと改名され、ドイツやオーストリアの多くの研究者たちを助けた。ハイエクやポパー、ポランニー、ドラッカーら多くの経済学者たちが、イギリスや英連邦であったニュージーランドなどに亡命し、あるいはやがて新大陸に渡って生き延びた。
　ポパーの『果てしなき探求』（一九七四年）に当時の切迫した状況が描かれている。「私は社会科学の方法について長いあいだ考えてきた。特に、一九一九年に『探究の論理』の着手に私を向わせたのは、部分的には、マルクス主義の批判であった。（中略）そのうち、一九三八年三月に、ヒトラーのオーストリア占領のニュースが入った。今やオーストリア人の脱出を助けることが緊急の必要であった。かくなるうえは、政治問題について私が一九一九年このかた得たどんな知識も、もはや公表せずに控えておくことはできない、と私は思いもした。（中略）その結果として生まれたのが、（中略）『歴史法則主義の貧困』と『開かれた社会とその敵たち』（中略）であった」（『果てしなき探求』下、森博訳、岩波書店、一九九六年、二一一～二一二頁）。

なっていたのだった。

自由主義の裏に潜む欺瞞

ちなみに大戦間期のイタリアからフランス、スイスにわたる領域では、ヴィルフレド・パレートの思想が大きな影響力を持っていた。[67] パレートの思想体系は、自由主義が保守主義によって補完された体系である。やがてムッソリーニに賞賛されることになったその体系とはいかなるものか。

パレートは、ワルラス＝パレート均衡に名を連ねるとおり、ローザンヌ（スイス）でワルラスの一般的経済均衡理論を受け継ぎ、ミクロ経済学的な理論を構築した。思想体系としては、均衡理論の純粋経済学体系（第一次的近似）だけでなく、応用経済学体系（第二次的近似）と、その外部の社会学体系を備えていた。純粋経済学体系は、精密科学としての経済理論であり、パレート最適と呼ばれる均衡状態は、個人の主観的な選好、嗜好《しこう》をもとに、資源の最適な配分（optimal allocation）を定義するものである。[68]

しかしこの均衡状態は、政府による社会政策については何も述べず、いや、純粋経済学体系の定義上、述べることができなかった。一方、「社会」全体にとっての効用の極大化は、富や権力の分配における諸個人や、グループの利害の潜在的な衝突をも視野に入れて行われなければならないとパレートは考えていた。「パレートの法則」や「パレート曲線」と呼ばれる分布は、この要請に応えて諸個人の所得分配の様態を具体的に分析するもので、応用経済学体系に属している。

しかしパレートは、人間社会が衰退しないためには競争、淘汰《とうた》が必要であると考え、社会進化論を評価していた。所得分配の不平等に対する解決法としてはマルクス主義や社会主義は評価せず、むしろ優れた者、エリートによる統治を通じて正義や公正を実現する立場をとっていた。

かれがみずからの社会学体系を、非合理的、非論理的な性質も併せ持つ人間の社会の理論体系と位置づけたまではよかったが、その「社会」の効用とは、優れた者が強制と同意形成を組み合わせて行う統治の結果として、強制による損失と結果としての秩序とのバラ

67 この部分の叙述の多くを、松嶋敦茂『経済から社会へ――パレートの生涯と思想』(みすず書房、一九八五年)に負う。

68 オーストリア学派における「効用」に類似した「オフェリミテ」の極大点、つまりその位置から一人が快適さを増大させようとして少しでも動くと、別の誰かの快適さを減じさせる点が、パレート最適の点である。

ンスを図るというものにすぎなかった。マキャヴェリを引き継ぐともいわれた、この独自のエリート主義的思想は、ムッソリーニに高く評価されたことで後に批判の対象ともなった。さらにいえば、ムッソリーニとの関係の有無にかかわらず、自由主義と保守主義の「野《や》合《ごう》」には、自由の名のもとで不平等の固定を黙認する危うさ、シビアにいえば欺瞞があることも忘れてはならない。

回帰する「宗教」

パレート思想の危うさはまた、この時代全般に通じる危うさでもあった。近代以降、それまで宗教が担っていた役割、つまり人びとの病気や老い、死などへの不安に向き合う役割を政治の領域が肩代わりするようになったが、政治がすべてを引き受けることはできず、特に戦争や大不況という大きな災厄の後、人びとの不安は社会に投げ出されたままだった。

保守主義はこの点をとらえ、政治に社会のすべてのことをまかせるのは無理であるとした。保守主義の定義は一様ではないが、しばしばあげられる要素として[69]、人間本性の不完全性や非合理性など、理性の限界を指摘すること、また人間の精神、肉体、性格などの不平等を前提に平等原理を否定して、優れた者による統治をよしとすること、それでも政治的知識の限界を認め、それを補完するものとして道徳秩序の必要性を説くことなどがあげられる。政治的知識の不完全性、人間の能力の限界の自覚は、しばしば人間を超えた存在を認めることになり、したがって宗教的色彩を帯び、超自然的存在への信仰と結びつく。

社会主義や共産主義とキリスト教会の教説との共通点について、一八九一年に教皇レオ一三世が回勅『レールム・ノヴァルム』[70]を出して明らかにした。ヨーロッパでは近代以降、政治と宗教は原則的に切り離されていたが、労働者問題、社会問題がきわめて深刻化し、子どもたちを含む人びとの生活が惨めな状態に陥ったため、カトリック教会でも立場を表明する必要に迫られたのだった。

『レールム・ノヴァルム』には、「資本主義の弊害と社会主義の幻想」という副題がつけられていた。教皇レオ一三世は私的所有権や自由主義、資本主義を否定することなく、労

69 村松惠二『カトリック政治思想とファシズム』(創文社、二〇〇六年)の考察における、保守主義論を参考にしている。

70 回勅はローマ・カトリック教会の公式な文書として、世界中の司教たちに配付されるものである。レールム・ノヴァルムとはラテン語で「新しいこと」を意味するが、革命とも訳されるそうである(宇沢弘文・内橋克人『始まっている未来 —— 新しい経済学は可能か』岩波書店、二〇〇九年)。

働者の権利、まともな生活を送る権利、ひいては適正な賃金を保障する国家の役割を強調し、これを人類、人間社会の危機、不正義からの脱却の方向であるとした。ドイツ歴史学派経済学の社会政策の立場とも矛盾しないような考え方である。ローマを頂点とするカトリック教会にとって「社会主義」は反教会的な一大勢力であり、とうてい認めることができなかった。それで、ドイツ歴史学派流の社会政策を支持したのだ。

ところがその後、『レールム・ノヴァルム』から四〇年の節目の一九三一年に、カトリック教会の立場をあらためて表明したピオ一一世の回勅『クアドラジェジモ・アンノ』は、それまで強く否定していたはずの社会主義のみならず、ファシズム思想をも容認するような微妙な立ち位置を示した。キリスト教徒であり社会主義者を自任したポランニーは、これを厳しく批判した。「ファシズムの勝利は、社会主義運動の倒壊であるだけでなく、キリスト教が、その堕落しきった形態を残して、終焉を迎えることでもある」(ポランニー「ファシズムの本質」)として、キリスト教のファシズムとの癒着を鋭く突いたのだ。

ここで明らかなのは、近代以降に政治にその役割を委譲したはずの宗教的なものが、世俗世界にまみれ、権威の重みをともなわない姿をまとって回帰してきたことである。二つの回勅においては、道徳や正義、平等などの理念が繰り返し論じられている。かくして、自由主義によって放擲《ほうてき》された理念がキリスト教という宗教を媒介としてファシズム思想と連動し、多くの人びとを魅了した。人びとは不安や苦境を取り除くとする者の言葉を救世主の言葉のように信じこみ、やすやすと個人の自由と尊厳を手放した。

しかし宗教における「神の前での人びとの平等」は、独裁者の前での平等へと簡単に挿《す》げ替えられ、独裁者の神格化という致命的な不平等体制の擁護へと、またたくまに変質した。独裁者が発する虚しい理想の言葉は真実味を欠いてどこまでも軽く、その「思想」なるものもチープな寄せ集めでしかなかった。独裁者の語る現世的「救済」は、まがいものでしかなかったのだ。

現代世界は、いまだどこかでこの時代のトラウマをひきずっているようだ。倫理や公正を語るとすぐさまそこに軽い宗教的なニュアンス（今の言葉でいうとスピリチュアル？）が嗅ぎとられ、根底でのファシズムとの親和性を怪しまれ、忌避されるという状況が続いている。こうした事態は、公正の理念を真剣に考える者にとって、かなりのボトルネックである。

第六章　マネジメント＝市場の「見える手」

突然だが、かつて日本の企業経営者の座右の書といえば、まずピーター・ドラッカーの『マネジメント』（一九七三年）であった。リーマン・ショックの少し後に通称『もしドラ』（岩崎夏海『もし高校野球の女子マネージャーがドラッカーの『マネジメント』を読んだら』ダイヤモンド社、二〇〇九年）、つまり高校野球部の女子マネがドラッカーを読んで部活をカイゼンする話が大ヒットしたから、最近でも意外とドラッカーは人気なのかもしれない。

企業のみならず部活動や組織を、労働を、自己の人生をマネージすることを悪く言う人は少ない。たしかにセルフ・マネジメントは、効率を追求するという意味において啓発的である。うまくいけば達成感も得られるだろう。しかしミーゼス、ハイエクが反面教師として（かれらはそれをよしとしたのだが）示したとおり、効率性や合理性の追求は本来、経済活動の手段であっても目標、目的（ゴール）ではない。ところがマネジメントは、手段の自己目的化を推奨し、他者との競争を煽《あお》る。そして結果的に、統治者や雇用主による管理を容易にするのである。

いわゆる「ウィン・ウィン」関係を信じて励む生真面目な働き手が、統治者や雇用主、上司の利益を忖度《そんたく》した自発的隷従の卑しい実践者となってしまうところに、マネジメントの狡猾さがある。働き手にとって、マネジメントは自縄自縛の縄となりうる。効率ばかりに追われると、人生を愉しむというゆとりや遊びの部分を失って、生きることはただ忙しいばかりの息苦しく辛いものになる。人間は資本でも資源でも、ましてや工業製品でもないのだから当然だ。ここに、ドラッカーの人間中心主義のヒューマニズム的マネジメント、そしてアメリカニズムの限界がある。

アントニオ・グラムシの視点

大戦間期のイタリアの地で、よく知られているファシズムの台頭のみならず、それと同時にマネジメントの台頭にも危険を感知して、マルクス主義をもとにした独自の思想を展開したのがアントニオ・グラムシであった。

グラムシは第一次大戦直後の一九一九年、トリノで同志とともに週刊誌『オルディネ・ヌオーヴォ』を創刊し、社会主義文化の議論の場をひらいた。また同じ頃、自動車工場フィアットの労働者たちの闘争に関わった経験をもとにして、生産者としての労働者の自主管理組織、「工場評議会」を構想した。一九二〇年代後半にはイタリア・ファシズム勢力によって投獄され、獄中で長い時間を過ごしたが、残した論考やメモがかれの死後『獄中ノート』として刊行され、現代世界にまで大きな影響を与え続ける重要な思想家となった。[71]

グラムシは、自由貿易論者やパレートらの経済における自由主義を批判したが、同時にイタリアのマルクス主義者に対しても、たとえばサンディカリストなどが「経済主義」に陥っており、その点で自由貿易論者と変わらないと批判した。[72] かれらもまた、利己的な金銭的利害関心を承認し、物質世界および経済こそが国民生活を決定し、歴史を決定するという考えにしたがっていたためであった。

これに対してグラムシは、人びとの信念や倫理的関心の重要性を強調して、新しい市民社会実現の可能性を考えた。たとえば従属的な立場にある集団は、ささやかな利害を共有するだけの経済的同業組合の段階にとどまっている限りでは、自由貿易を掲げる支配的集団からの独立、自立を果たすことができない。しかしみずからの発展を強く推し進めるなら、倫理的・政治的なヘゲモニー（覇権）を国家のヘゲモニーへと展開できると論じた。それは、社会主義・共産主義の運動における、社会改良か革命かという二者択一から一定の距離をとるものであった。

グラムシのヘゲモニー概念は、基本的に一国内、特にイタリアにおける集団の支配力、指導力に関わるものであった。しかしかれはまた、アメリカの動向にも批判的に注目し、ヘゲモニーに関わるさまざまな思索をメモに残した。やがてアメリカがはっきりと国際社会の主導的役割を果たすようになると、グラムシの分析は国境を超えたヘゲモニーの分析としても引き継がれることになってゆく。

アメリカニズム

グラムシは労働におけるテイラー主義、フォーディズムが、アメリカにおいて支配的な教育的、文化的役割を果たしていることを見抜き、これをアメリカニズムと名づけてその経営管理のありかた、従業員の暮らしや生きかたへの介入のしかたを考察した。グラムシが労働者たちと間近に接した自動車メーカーのフィアットは、フォーディズムをイタリア

71　日本語では『獄中ノート』のうち、政治に関わる論考が『新編　現代の君主』（上村忠男編訳、ちくま学芸文庫、二〇〇八年）にコンパクトに集められている。

72　ここでグラムシが批判の対象としたのは、当時のイタリアの自由主義経済学者ルイージ・エイナウディ（のちのイタリア大統領）やパレートであった。ちなみにエイナウディは一九二〇年代後半からモルゲンシュテルンと知的交流の機会を持っていた。

に実現しようとした企業だった。グラムシもまた、ヨーロッパのなかにあって、アメリカ的な価値観の浸透を敏感にとらえていたのである。ちょうどカーがイギリスでフォードの考え方を批判していた一九三〇年代のことである。

自動車は当時のスター的な製品で、フォード社はその花形大企業だった。社長のヘンリー・フォードは、良質で安価な生産物によって世界を満たし、人間の精神と肉体を生存のための労苦から解放することこそが産業の真の目的であると信じ、自動車を大衆の手にわたるものにするという自身の夢を形にした。フォードの自伝『藁《わら》のハンドル』（一九二六年）は、経営者としての楽観的で能天気ともいえる責任感にあふれている。しかしグラムシは、むしろその負の側面に着目した。

フォーディズムは、商品の輸送や販売の管理、合理化によって、賃金の引き上げと販売価格の引き下げを可能にするシステムであった。高い賃金は、働く者にとっては重要な動機づけとなるはずである。しかしグラムシは、フォードの工場で働く労働者があまり長く定着せず、転職する傾向があることに注目した。そしてこのことから、労働者たちが高賃金を得てもそのことを享受できないほど、何らかの負荷を強いられているのではないかと推測した。

グラムシは、そもそも産業（インダストリー）というもの自体が秩序、正確さ、精密さを追求するというその本性上、本来的に人間の本能を服従させるものであるとした。かれによれば、産業の発展とは人間の動物的本能に対する不断の闘争の過程であった。

またグラムシは、フォード社が労働者に、かれらが得た高賃金を「合理的に」消費するように要求していたことを、労働者へのさらなる服従の要求であると批判した。フォード社は査定機関を結成し、従業員の私生活に干渉して、賃金の使いかた、生活のありかたを管理しようと試みていた。従業員は、放縦《ほうじゆう》な性の営みに淫したり、アルコール依存症になったりしてはならなかった。雇用主、管理職は従業員の生活全般に対し、自由時間をも含めて管理の網をかけ、生活全般を規定した。自由を奪って統制するのではなく、あくまで高賃金を介して自由意思がみずから節制へ向かうようにと動機づけたのがフォーディズムの特徴であった。

グラムシによれば、高賃金も、このような効率を安定的に持続するための道具でしかなかった。しかしフォード社だけに限らず、アメリカ全体が、やがてその方向性を採り始めた。グラムシが定義するアメリカニズムとは、以下で見るテイラー主義の科学的管理法と、フォーディズム、そしてマネージャー的労働との結合、およびその全面展開であった。またそれは、人みずからのうちにマネージャーの目線を内面化することでもあった。フォード社はゼネラル・モーターズ（GM）、クライスラーとともにビッグスリーと呼ばれ、自動車産業はアメリカの繁栄を牽引したが、フォーディズムは長く持ちこたえることができなかった。[73] しかしアメリカニズムが人間や労働にとって「持続可能」でないのではと広く問われるようになったのは、もっとずっと後のことである。

テイラー主義の「科学性」

テイラー主義とは、『科学的管理法の諸原理』(一九一一年)を著して労務管理の仕組みを考案したフレデリック・ウィンズロー・テイラーの考え方である。それは思想というよりは実践のための手引きであった。テイラーは、従業員の怠業《たいぎょう》が多い場合には、従業員の「やる気」などの精神主義に頼るよりも、人間の身体能力やモチベーションを機械工学的に計測して調整することによって効率性を高める方がよいとして、冷徹な経営管理の手法を提示した。

テイラーはミッドベール・スチールやベスレヘム・スチールなど、みずからが勤務していた現場で、銑鉄《せんてつ》の運搬やシャベルすくい作業、ベアリング用ボールの検品に従事していた女性たちの労働の実態、またフランク・ギルブレスが示したレンガ積みの調査の結果などの事例を用い、人材選びや作業の所要時間の計測がどのように行われたかを示した。

重要なのは、コツや科学をよく知る人の指導にしたがえば、作業量が上がるということであった。またそれは、そのような指導によって「あらゆる分野の作業者の一挙手一投足すべてから、科学が導き出せるのだと納得してもらうこと」でもあった。一見、働き手の立場に立っているように見えるが、生産性を上げるためには人間性や疲れまでをも組み込んで、科学的に進める方がよいとしている点に留意する必要がある。

テイラーは、科学的管理法のエッセンスを四つにまとめた。第一に、個々の作業について、従来の経験則に代わる科学的手法を設けること、第二に、働き手みずからがその手法を身につけるのではなく、マネージャーが科学的な観点から、人材の採用、訓練、指導などを行うこと、第三に科学的手法の原則を、部下たちと協力して現場の作業に確実に反映させること、第四に、マネージャーと最前線の働き手とが、仕事と責任をほぼ均等に分け合うこと、とりわけマネージャーに適した仕事や責任は、すべてマネージャーが引き受け

73　フォード社衰退の理由について、経営学的観点からは、標準的つまりバラエティのない商品が消費者に飽きられ、これを修正できなかったことが限界とされている。歴史的には、第二次世界大戦の勃発が影響を及ぼしたとされる。フォード社はアメリカ国家の戦争遂行への協力要請に応じ、フォーディズムの労使協調路線を戦時期の総動員に適用させた。またフォードのナチズムへの親和的態度も指摘されている。

ることである。

つまり科学的管理法において重要だったのは、管理される労働者や管理の方法以上に、マネージャー、つまり経営管理の視線をもって仕事を行う人間と、その仕事であった。それはまた、マネージャー自身がみずからに課す働き方でもあった。テイラーによるマネージャーとマネジメントの考え方は、従来の経済学の市場理論や労働概念にはない、別のカテゴリーをひらいた。やがてマネジメントが経済学を置き去りにしてでも自己展開してゆくその源流が、すでにあらわれていたのである。

労働する身体の「管理化」

ちなみにテイラーと同時代のドイツにも、テイラーと類似した視点を労働者に向けた社会学者、ルドルフ・ゴルトシャイトが存在した。ゴルトシャイトはマルクスとエンゲルスを先駆者とし、社会政策学会（ドイツ新歴史学派）の社会調査をふまえながら、倫理的な社会学の体系としての人間社会学、そしてそれをベースとした財政社会学を構想した。同時にテイラー主義も視野に入れ、労働のマネジメントを行うマネージャーの立場で考えた[74]。

ゴルトシャイトは労働力という「力」を人間の労働そのものから切り離し、その力に含まれている資本的性質を保護する必要があると説いた。もちろん人間には肉体だけではなく悟性や心情があり、肉体の維持は悟性の発展や心情の陶冶《とうや》とともになされなければならない。ゴルトシャイトは、この点を認めつつも、人間は機械ではないという理由から、技術的な視点を抜きにした労働の考察が、かえって人間への福祉を妨げてきたと考えた。そして労働力を定量的に分析するには、むしろ機械が参考になるとしたのである。

当時は技術や科学の進歩によって大量生産を行う機械生産の重要性が増大し、人間の労働は次第に圧迫されつつあった。機械や生産設備は、使い込むうちに摩耗《まもう》し、またときには故障するので、減価《げんか》償却《しょうきゃく》が必要である。しかしゴルトシャイトによれば実は人間にも、一生のうち、生まれてから仕事に就くまでの準備の時期、労働し生産性を示す時期、もはや労働を行わなくなる時期の三つの時期がある。ゴルトシャイトは、人間もまた機械と同様、永続的に働けるわけではないので、労働力の維持、管理が重要であるとしたのである。

74　ゴルトシャイトは、労働現場における問題の解決に社会改革か革命かの二者択一を迫るあり方を批判的にとらえ、マネジメントの視点で人間をみる「人間の経済」のヴィジョンが両者を架橋すると考えた。同じ「人間の経済」でも、ポランニーのものとはかなり異なる内容である。

労働力としての人間の保護という視点、そしてマネジメントという視点は、個々の人間の外部から労働力をとらえ、そのはたらきを守る仕事として認識され、また展開されもしていた。だが、ゴルトシャイトは当初からこれを、むしろ個々人の自助、つまりセルフ・ケアとして構想していた。

人間がみずからの労働力としての収益価値を意識し、その保全のためにセルフ・ケアを突き詰めていくことは、善き正しき、節制のきいた生を日々、営むという意味においてはたしかに理想的だろう。しかしそれは、マネージャー的な監視のまなざしを、みずからのなかに埋め込むことでもある。理想からの心理的な圧迫感（プレッシャー）がひとを鼓舞すると同時に疲弊させることは、グラムシがすでに明らかにしたとおりである。

だがゴルトシャイトに悪意はなく、むしろみずからの考えが、人びとの助けになると信じていた。ゴルトシャイトは国家権力と、国家を構成する人びとの社会とを対置して、国家に向かって「社会」の意味を主張することが社会学の使命であると考えていた。[75]ドイツでは、国家や社会を語るとき、国家を一つの生命体に喩《なぞら》えるなど、有機体的な比喩が用いられることがしばしばであったが、歴史学派による国家への無条件の信頼にみられたとおり、国家と社会の距離感が曖昧になることが多かった。しかしゴルトシャイトの人間社会学は、人間の生命を「資本」とみなして社会の自律性を謳うがゆえに、逆に国家がこれを利用して、各自のセルフ・ケアという大義のもと、人間の「資本化」をさらに推進させてしまうという危険性を孕《はら》んでいたのである。このため、かれの構想には、ナチズムの思想に通じる危うさが指摘されることもある。

「見える手」のもとの市場形成

テイラーが示した労働力管理、マネジメントという考え方は、アメリカにおける市場形成プロセスが、ヨーロッパとは大きく異なっていたこととも関わっていた。ヨーロッパの「市場」概念は、イギリスにおける、外国との貿易のための土地の囲い込みと密接に関係していたが、アメリカでは一九世紀なかば頃から、鉄道敷設と電信の発明、つまり輸送とコミュニケーション事業と、これを補助する諸事業の急速で大規模な成長、および証券取

75　ゴルトシャイトは二〇世紀初頭のドイツ社会学会の創立メンバーであり、ウェーバーを凌ぐほどの名声があったが、かれの人間社会学の体系は特異なものとみられた。日本では大島通義『予算国家の〈危機〉――財政社会学から日本を考える』(岩波書店、二〇一三年)が、財政社会学に照準した体系的研究を提示している。財政社会学は、国家による資金の融通である財政が、人びとの営みやニーズと乖離して自己目的化していたことを厳しく批判した。この論点は現代世界においても重要である。

引所の開設によって大きな変化が起きたのであった。「流通革命」と呼ばれるほどの大量の流通が可能になり、シカゴとニューヨークが市場の二大中心地として急速に成長した。鉄道そのものの発明はイギリスでなされたが、アメリカという大きな空間でこそ、その力は十全に発揮されたのだ。

ヨーロッパの食糧供給地であったアメリカでは、流通インフラや取引所が整備され、新しい加工技術や缶詰などの包装技術、生産機械技術などの技術革新で大量生産が可能になると、マネジメント的な労働が増大した。農産物を農民から買い取り、市場に持ち込んで加工業者に販売するところから、食品加工、食品生産物の販売に至るまで、モニタリングと調整を行う取り扱い事業者、あるいは事業マネージャーが市場の調整機能を大いに担ったのである。市場は、見えざる手によって価格や数量を自動的に調整されるのではなく、もっぱら意識的なマネジメントによって市場として成立した、つまり「市場化」されたのであった。アメリカは、一八四〇年代から一九二〇年代にかけて、農耕型の田園経済から工業型の都市経済へと大きな変化を遂げた。

このような動きを市場の「見える手」と表現したアルフレッド・デュポン・チャンドラー[76]は、市場形成のプロセスとしてマーケティングを考察した。そして生産と流通の変化をマーケティングとの関連で八段階のプロセスにまとめ[77]、労働者、雇用者（資本家）のカテゴリーとも部分的に重複するマネージャー、つまりマネジメントを行う人間、すなわちマネジメント資本主義の円滑な作動を担う人材としての人間の存在を強調した。そこでは、モニタリングや調整などのマネジメントが、独立した重要な「労働」として括《くく》り出されている。

76 チャンドラーの『見える手』(一九七七年)は通常、かれによる前後の著作『戦略と組織』(一九六二年)、『スケール・アンド・スコープ』(一九九〇年)と合わせて、企業組織の成り立ちや組織のあり方を論じたビジネス史の三部作と位置づけられている。先行研究でもこの書物はたいてい、大企業やマネジメントの分析の書とされており、市場理論との関連で取り上げられることは、ほとんどないと思われる。

77 八段階とは以下のように分類されている。まず近代的なマルチユニットのビジネス事業(エンタープライズ)が従来の事業に取って代わり(第一段階)、各部にマネージャーを配属して、マネジメントを内部の階層として秩序付ける(第二段階)。これで市場調整を超える効率性、収益性を実現する(第三段階)。階層秩序が永続的な権力、そして成長の源となり(第四段階)、マネージャーのキャリアが技術的、専門的になる(第五段階)。事業が大規模で多様になると、経営が所有から切り離され、資金調達部門が重要性を増す(第六段階)。マネージャーは安定指向となり(第七段階)、ついにはこの事業が経済全体の部門構造を変えるまでに至り、事業は官僚制的になる(第八段階)。

マネジメント労働の存在は、経済学の中心的な概念である市場概念に根本的な修正を迫るものであった。たとえばチャンドラーは、事業が進展するうちに会社が官僚制的になるとしたが、そこでは政府や官僚組織による国家的事業は、市場の対極としてではなくマネジメントの最終的完成形態と位置づけられていた。すなわち「市場か国家の計画経済か」、「資本主義か社会主義か」では把握できない見方である。しかし市場分析ばかりに注力していた経済学は、マネジメントの問題には十分に取り組まず、経営学など別の学問領域のテーマとしてこれを放置した。ところがアメリカが主導した第二次大戦後の資本主義経済は、むしろマネジメントを主軸にして展開されることになったのだ。

経済学の経営学的「変質」

資本主義論として例外的にマネジメントに着目したのが、アメリカ人ジェームズ・バーナムの『経営者革命（マネジメント的革命）[78]』（一九四一年）だった。バーナムはアメリカのみならず世界の資本主義経済が、市場競争型から寡占《かせん》市場と独占市場へ、そして金融資本と帝国主義の時代を経た後に、さらには新たなマネジメント資本主義の段階に入ったとして、マネジメントを資本主義の最新の段階と位置付けた。ただ、ここまではすぐれて分析的であったが、さらにこのマネジメント資本主義が全体主義へ向かうことを世界全体にわたる不可避の傾向として、その到来を肯定的なニュアンスで予見した。

　当時の状況を絶対視し、資本主義や全体主義の将来を運命論的に語り過ぎていたために、かれの著作の評価はオーストリア学派周辺の経済学者たちのあいだでも大きく分かれた[79]。肯定的に評価したのは、すでにアメリカに移住していたシュンペーターだけであった。ハーヴァード大学で教鞭を執《と》りつつアメリカの現実を見据え、資本主義論を構築し直そうとしていた頃である。他方、ナチズムやファシズムによって辛酸《しんさん》をなめさせられたポランニーやその友人のピーター・ドラッカーは、バーナムの予見の部分を重くみて批判的だった。全体主義がやがて世界を支配する運命だという予見はかれらには、とうてい認めることのできない考え方だった。

　ちなみにポランニーは、ハイエクによる、自由主義の立場からのバーナム批判にも批判的だった。ハイエクは一九三〇年代にはイギリスに移住し、一九四〇年代なかばに『隷従

78　原題は The managerial revolution なので『マネジメント的革命』、『経営的革命』であろうが、なぜか誤訳もしくは意訳である『経営者革命』という邦題で広く知られている。
79　ちなみにチャンドラーは『見える手』の冒頭部分でバーナムに言及し、マネジメント資本主義を早い時期に考察したものとして、高く評価した。

への道』（一九四四年）を刊行して、バーナムを含むマネジメント的な考え方全般を、自由主義の立場から批判した。そしてその際にはアメリカのニューディール的マネジメント政策も「計画」経済の一種であるとして、社会主義や共産主義の計画経済と同列に置き、対極に自由主義を置く立場をとった。ハイエクによれば、計画やそれを担う権力をいったん認めれば、結局は全体主義に至って、自由を締め出すことになる。[80] バーナムは反対に、資本主義の未来において人間はもっぱら、マネジメントの論理と権力にしたがうと考えた。ハイエクとバーナムは、同じ二者択一の両極を担っていたのである。

ポランニーによれば、この二者択一の対立軸の置き方自体がそもそも誤っているのである。マネジメントへの隷従を肯定するバーナムはもちろん問題だが、少しでも社会性や計画性を盛り込めば途端に全体主義まで行きつくとするハイエクも、同じぐらい問題であった。自由主義社会はバラバラの個人から成り、そこには権力や政治性がまったく存在しないとするハイエクのヴィジョンは、ポランニーによれば、リアリティのない空疎な夢想、あるいは転じて強固なイデオロギーであった。あえて繰り返すまでもなく、それはハイエクの自由主義的経済学のとらえ方そのものである。

一方、ドラッカーは一九三〇年代初めの頃、ナチズムを逃れてイギリスへと亡命し、ポランニーと近しく交流しながら『経済人の終焉』（一九三九年）、『産業人の未来』（一九四二年）などの著作を刊行した。かれはバーナムによる全体主義の肯定を批判したが、産業主義やマネジメントそのものには、むしろ希望も託していた。その点が、ポランニーが根本的に批判的なまなざしを向けていたのとは異質である。

渡米後のドラッカーはGMなどアメリカの自動車産業の現場のマネジメントを体験して、一九七〇年代にマネジメントのすすめを展開するようになった。大ベストセラーとなった『マネジメント』には、テイラーからの影響もみることができる。

ドラッカー自身は、人間のマネジメントが機械的マネジメントとは異なり、各人の個性や能力を活かす、よいものであると高く評価した。しかし不況などによって企業に余力がなくなれば、人材からその能力を搾り取ってでも利益を上げようとするのが、そもそもマネジメントの冷酷な論理なのである。「善い人」的ヒューマニズム一般の死角なのだろうか、人間を人材、人的「資源」として「活かす」ことが、究極的には人間の有用性を骨の

80　なおジョージ・オーウェルも、戦後すぐの論考でバーナム批判を展開している（Orwell, G. 1945, *You and the Atom Bomb.* 邦訳は『オーウェル評論集2 —— 一杯のおいしい紅茶』〈Haruka Tsubota 訳、オープンシェルフパブリッシング、二〇一六年〉に収録）。

髄まで食い尽くすことになるとは、ドラッカーは気づかなかったのだった。

いずれにせよ、すでに述べた通り、マネジメントの論理は市場の自己調整や市場中心の経済学に大きな修正を迫った。しかしドラッカーはこの点にも意識的ではなかった。結果的にドラッカーの著作は、本人の意図に反して経済学や政治学の領域の著作とは認められず、自己啓発本のはしりとなった。経営学の神様、経営学の父という名声は、ドラッカーにとっては必ずしも喜ばしくはなかったかもしれない。それでもかれは、自己マネジメントによって富や地位を追い求める人びとが、もはや労働者階級という「階級」概念ではうまく位置づけられないこと、また市場によるゆっくりした調整にも、これらに甘んじる経済学にもそれがなじまないことを、たしかにうまく表現していた。亡命先のアメリカによりよく馴染んだのは、もちろんポランニーよりもドラッカーの方であった。

第七章　経済成長への強迫観念と、新たな倒錯のはじまり

ものを修理することは本来、楽しいことのはずである。手をかけた分だけ愛着が生まれるのだから。しかし現代の商品世界では反対に、むしろ嬉々としてものを廃棄する。かく

して商品は全般的に、手軽ではあるがまずしいものになった。

さらに深刻なのは、生きることにとって不可欠の食べ物、それどころか人間自身までもがこの流れに連動されてしまったことである。食べることもままならない大不況に陥ると、各種の代替的な加工食品が開発されたが、そのおかげで食べ物は工業製品としてGDPへの貢献を果たすようになった。農業との関わりは次第に薄らぎ、食べ物は成長志向の碾《ひ》き臼《うす》に圧し潰された。

ここから、余った食品を簡単に廃棄するあり方までは、それこそほんの一歩である。この事態は人間がみずからの生を安く見積もることにも通じている。なぜなら人間とは、そもそもかれ、あるいはかの女が食べるところのものだからである。もっとも、この問題が明らかになるのは、この章で触れる大恐慌時代よりもずっと後、戦後、何十年も経ってからのことなのだが。第八章の特別編と併せて考えてみたい。

世界大恐慌と農産物市場

一九二九年一〇月二四日、ニューヨーク株式市場の株価が大暴落した。世界大恐慌の始まりである。

チャールズ・キンドルバーガーが著書『大不況下の世界1929―1939』(一九七三

年）を、きわめて例外的に個人的な回想で始めたように、[81] 大暴落の影響は甚大《じんだい》で、多くの人びとにとって決定的な体験となった。経済学者たちにとっても、今日に至るまで重要な参照項となり続けている。だがこれは突然に起きたことではなかった。ジョン・ケネス・ガルブレイスは著書『大暴落１９２９』（一九五五年）で、その前後の証券取引市場の比較的詳細な動きや、当時の人びとの様子を細かく描写している。

大恐慌は、グローバリゼーションがもたらすネガティヴな影響を、初めて世界レベルであらわにした。世界のどこかで起きた事件にやがて世界中が巻き込まれ、特に小規模で力の弱いところにまっさきにしわ寄せがきて、やがて、世界中で社会に生じた亀裂が破綻にまで至る。大恐慌の分析を行う際、発信源であるアメリカの分析はたしかに重要だが、やはりそれだけでは十分ではない。

影響の受け方には富裕な人びととそうではない人びと、先進国の人びとと後発国の人びとでは大きな差があった。バブル崩壊の考察において重要なのは、金融市場や株式取引に関わる人びとだけではない。むしろ、そうした動向には関係のない人びとが被った大きなマイナス、何も悪いことをしていないのに、突然、仕事を失い、明日の食にも窮《きゅう》するという災厄《さいやく》に着目しなければならない。

アメリカにおける第一次銀行危機の発端は、農業部門における銀行不信であった。[82] ここでは、貨幣の延長である株式や証券を商品とする金融市場と、実物部門の農産物市場との連動に注目する必要がある。そもそも農産物の生産高は、天候などさまざまな自然的要因によって左右され、それが価格にもかなりの影響を与えるため、不安定さを払拭《ふっしょく》しにくいものである。しかもアメリカの農産物は当時、ヨーロッパなどの胃袋も満たし、つまり国境を越えた規模での市場取引が行われ、食料の輸出入が一国内の雇用、所得などにかなりの重要性をもっていた。外国貿易による国際的な駆け引きや、これを左右する食糧の貯蔵、さらにはそれにともなう投機もかなりの程度、進展していた。すなわち、農業と工業、金融の三部門が密接な相互関係にあったのだ。

農産物市場と外国貿易との関係はもちろん、生存に関わる食糧をどの程度、外国に頼るかという食糧自給率の問題にも関わっている。アメリカの農業不況は他の諸国に伝播

81　キンドルバーガーは株価の大暴落の一年半前、まだ大学入学前の高校生だったとのことで、たまたま小遣い稼ぎのような仕事につき始め、翌年以降の大暴落、大恐慌の時代をリアルタイムで体験したそうである。

82　現在に至るまで大恐慌分析の古典とされるミルトン・フリードマンとアンナ・シュヴァルツの著作は、アメリカにおける銀行危機からの連鎖に焦点をあてた。

し、工業諸国内の農業部門や農業国にも深刻な不況をもたらした後、その余波がアメリカ自身の農業市場に跳ね返ってきた。農産物価格が人びとの食と職に直結し、生存をおびやかす事態を招いたのだ。

アメリカにおける飢餓の実態[83]

この時期、食料など生活必需品の価格は大幅に低下した。株価暴落直前の価格を基準とすると、トウモロコシの価格は一九三二年までにおよそ四分の一、豚肉の価格もやはり同程度にまで下落した。とりわけアイオワ州、サウスダコタ州、ノースダコタ州などの西北中部地域では地価の下落も激しく、さらには農地への増税が追い打ちとなり、農場が強制的に公売にかけられるケースが相次いだ。農業生産者たちには深刻な打撃であった。

都市でもパートタイマーなどの不完全就業労働者は労働時間を削減され、劇的に失業者数が増大した。大恐慌当時のアメリカの人口は一億二〇〇〇万人程度であったといわれるが、失業者は一九三三年のピーク時には人口の一〇分の一以上となり、労働人口、つまり働くことのできる人びととの比率でみると、およそ四人に一人が失業していたことになる。[84]仕事を求めて都会へ流入していた人の流れは止まり、あるいは逆転して、おびただしい数の人びとがあてもなくさまよっていたという。

街路や市街電車のなかでも、毎日、気を失う人や突然、倒れる人がいた。通りすがりの人びとが医者に連れ込むと、医師は何も尋ねず、意識が回復すると食べ物をあたえたという。冬は寒さからどう身を守るかが問題だったというから、衣服や住居も十分ではなかったのだろう。フィラデルフィアではスープなどの無料炊き出しの食事施設ができ、パンなどの無料配給には失業者の長い列ができ、大都市ではハンガー・マーチ（飢餓の行進）が行われた。人びとは文字通り、生存の危機に晒《さら》されていた。一九世紀以来、独自のやりかたと価値観で資本主義を発展させ、ヨーロッパを凌いでヘゲモニー（覇権）国となり始めていたアメリカのイメージからは、およそ信じがたい飢餓状態である。

「一九一九年に小麦半ブッシェルに相当した一ドルが、一九二九年には一ブッシェル、

83　ここでの記述は秋元英一の大恐慌研究『世界大恐慌――1929年に何がおこったか』（講談社学術文庫、二〇〇九年）に負う。

84　アメリカの失業者数は一九二九年には一五五万人程度であったのが、翌一九三〇年には四三四万人、一九三二年には一二〇六万人、一九三三年には一三〇〇万人近くまでと、わずか四年あまりで九倍ほどに膨れ上がった。ちなみにこれはアメリカだけでなく、ドイツ、イギリス、フランスでも労働人口の四分の一が失業していたと、トマ・ピケティは述べている。

そして一九三一年初夏には三ブッシェルに相当している。（中略）一九三一年に一九一九年と正確に同量の金の価値を有するはずのドルが六倍も多くの小麦を買うことができる。ドルは小麦の価値をはかるのに失敗している。（中略）ドルは不公正なドルになっている」

ある農業関係者のこの証言は、当時の金本位制や通貨システムが破綻し、農業生産者の生計を破壊していくさまを端的に示している。農業生産者が同じように作り、本来、変わるはずのない小麦とドルとの交換比率がみるみる変化していったのは、小麦自体に問題が生じていたからではなく、ドルという貨幣がおかしいからだという、しごくまっとうな主張である。金本位制の国際金融システムは、こうした事態の果てに破綻をきたし、農業生産者たちに致命的な打撃を与えた。おかしかったのは通貨の側であったにもかかわらず、である。

農民をはじめ、「食べられなくなった」人びとの不満は高まり、アメリカでは各種の民衆運動が盛んになり始めた。一九三二年がそのターニング・ポイントの年であった。きっかけは株価の大暴落だったが、以後、約三年という時間の経過のなか、金融市場には何ら関わりのない人びとの暮らしにまでも深刻な影響があらわれ始めていたのである。政治家たちも経済学者も、これに取り組まざるを得なくなった。

生産の倒錯——意図的な老朽化

テイラーやフォードの労働マネジメントもまた、一九二九年以降の不況に直面してその限界を露呈した。コスト削減が課題となれば、機械の圧倒的な生産力の前に、人間の労働力はしばしば不要とされたからだった。一九三二年末、『フォーチュン』誌に「時代遅れの人間」という論考が匿名《とくめい》で掲載され、アメリカの人口の大半の労働力は時代遅れになったと指摘された。

この時代遅れ、あるいは老朽化（obsolescence）という用語は、マネジメント資本主義の重要な用語となっていた。というのは、技術の開発や革新が、大恐慌前後のこの時期から、いかにして製品をあまり長持ちさせず、適当な時期に壊れるようにつくるかに向けられるようになり、商品や人間に老朽化の判断を下すことが必要となっていたからである。この発想は戦時期を生き延び、やがて大衆消費社会を支えることになった。

すでに壊れたものだけではなく、まだ壊れていないものでももう時代遅れ（obsolete）だから買い換えたほうがいいという考えを普及させる戦略もあらわれ[85]、これがアメリカ的な

85　一九二八年に雑誌『広告と販売』にJ・ジョージ・フレデリックが寄せた論考より。

生活様式であると喧伝《けんでん》された。対比されたのは、古くなったものをずるずると使い続けるイギリス文化であった。ここではアメリカが、新しさを強調する便利かつ重要なマーケティングの代名詞となっているのである。広告主や銀行家、ビジネス・アナリスト、コミュニケーション理論家、経済学者、エンジニア、産業デザイナーから不動産ブローカーまでもが、この概念が作り出す需要をコントロールし、儲《もう》けを狙うようになったのだ。

産業革命以来、永らく、技術を産業に活かした各種の製品の価値は長持ちすることにあり、多くの技術者がそのためにしのぎを削ってきた。ところが、この意図的な老朽化の発想により、技術革新そのものが転換点を迎えた。以後、生産は自己目的化し、倒錯的な方向へと進んでゆく。[86] もちろん「老朽化」を語るすべての言説が消費を煽《あお》っていたわけではなく、批判的な立場もあった。しかしマネジメント資本主義によって駆動された産業界はおおむね老朽化を意図的に作り出すこの戦略にしたがい、消費社会化を推し進めた。

計測志向への方向転換

大恐慌に直面した先進国、特にイギリスやアメリカの経済学者のなかには、今後の事態に備え、一国レベルでの食糧その他の物質の現存量、生産量を計測する人びとがあらわれた。この数値化、数量化の動きは、国内総生産などのマクロ計測の指標や手法の整備へと発展した。これらの指標は、後には経済成長の指標としては狭すぎるとの批判も受けたが、現在でも経済の概要を把握する際に広く用いられている。

アメリカにおいてこれに取り組んだのが、サイモン・スミス・クズネッツであった。[87] かれは現在のベラルーシのピンスクに生まれ、若い頃からニコライ・コンドラチェフやシュンペーターの著作に親しんでいたが、一九二二年に家族でアメリカに移住し、コロンビア

86 日本では二〇一二年に放映されたドキュメンタリー『電球をめぐる陰謀 The Light Bulb Conspiracy』(Cosima Dannoritzer. フランス・スペイン共同製作、二〇一〇年)に登場する社会実践家のジャイルズ・スレイドの『壊すために作られた(もの)Made to Break』(二〇〇六年)に詳しいが、一定時間で切れる電球や破れやすいナイロン・ストッキングなど、数々の技術革新が行われ、戦後へと引き継がれた。戦後にはアメリカの社会学者ヴァンス・パッカードが『浪費を作り出す者たち The Waste Makers』(一九六〇年)などで論じた。

87 マクロ計測への貢献者としては、イギリスのコリン・クラークもあげられる。第一次産業、第二次産業、第三次産業を分類したクラークである。かれはアメリカに関するデータ部分でクズネッツの計測結果を用いており、またクズネッツもクラークの著作の書評を書いているので、お互いの存在や仕事を意識していたことがわかる。アンガス・マディソンは、クラークとクズネッツの功績について、クズネッツの方がはるかに体系的な貢献をしたが、クラークもパイオニアとして重要であるとした。

大学でミッチェルを師として学んだ。経済学の課題は数量化であるとした、第一章で触れた、あの制度学派経済学者ミッチェルである。

クズネッツはアメリカ国籍を取得し、大学教師としてはペンシルベニア大学、ジョンズ・ホプキンズ大学、ハーヴァード大学などいくつかの大学で教鞭をとったが、学位を取得して一年ほど後の一九二七年から一九六〇年代のはじめまで、つまり仕事人生の大半をアメリカの全米経済研究所（NBER：National Bureau of Economic Research）に捧げた。この研究所で大恐慌を経験し、マクロ計測の方向へと研究を進展させたのである。計測は大戦間期から戦時中を経て戦後まで継続し、経済成長の度合いを確認する指標が定着した。

計測や比較は、人びとの暮らしをよくする直接の処方ではない。そもそもマクロ計測は、かつてドイツでエンゲルが試みた数量的ポートレートと同じく、徹底してミクロな数値化を土台にした集計によってのみ可能である。しかし大恐慌期のアメリカでは、データを数量的に示すことそのものが、数量的増大に向けての強い動機づけとなった。数値的に可視化できる経済「成長」が、それ自体として目標となっていったのだ。

大恐慌によって人びとがいだいた恐怖心は際限のない銀行不信となり、貨幣を現金化しようとするパニックが、さらなる銀行危機を引きおこした。ところが、自由主義の経済学者たちはこの事態に直接には取り組まず、むしろ生産性を示すものとしての生産高という数値の重視へと、研究の方向性の舵を大きく切った。ここにもまた、人間が食べて生きていくための経済からの、学問としての経済学の乖離が明らかである。

詐りの成長理論

大恐慌から第二次世界大戦を経て、アメリカはまたしても戦勝国として戦後を迎えた。ニューディールによって危機を切り抜けられたという価値観を変えることなく、敗戦諸国や新興諸国への開発援助を打ち出して、自由主義世界のヘゲモニー国としての地位を確立した。かつては進化という生物学的なニュアンスを多分に含んでいた発展、開発という考え方は、以後、数値的な増加という狭義の成長の概念に収斂した。簡単にいえば、数字が大きいこと、大きくなることはよいことだという考えである。

クズネッツは一九五〇年代に、一九世紀後半からの経済成長についての数量的な国際比較を行い、「経済理論としての成長」という価値観を代表する経済学者となった。著書『諸国民の経済成長』（一九七一年）でノーベル経済学賞も受賞した。

同書は単なる数値の羅列的比較ではなく、経済発展・開発の経済理論、たとえばウォルト・ロストウの「テイクオフ（離陸）」理論や、アレクサンダー・ガーシェンクロンの「後進性」優位の仮説など、開発・発展理論に精密に裏打ちされているとして、農業経済学者のセオドア・ウィリアム・シュルツに書評で高く評価された。[88] 開発・成長を考える際には、これらの発展段階理論的な仮説だけでは不十分であり、経験的、観察的なデータで補強しなければならない。クズネッツ自身、もっとこの点を高く評価し強調してよい、そうシュルツは書評を締め括っている。[89]

ところが一九七一年の夏、ニクソン・ショックによってアメリカドルを基軸通貨とする国際経済体制、ブレトンウッズ体制が限界に達していることが露呈し世界に衝撃が走った。従来の経済成長理論の破綻が露呈されたのだ。

図1

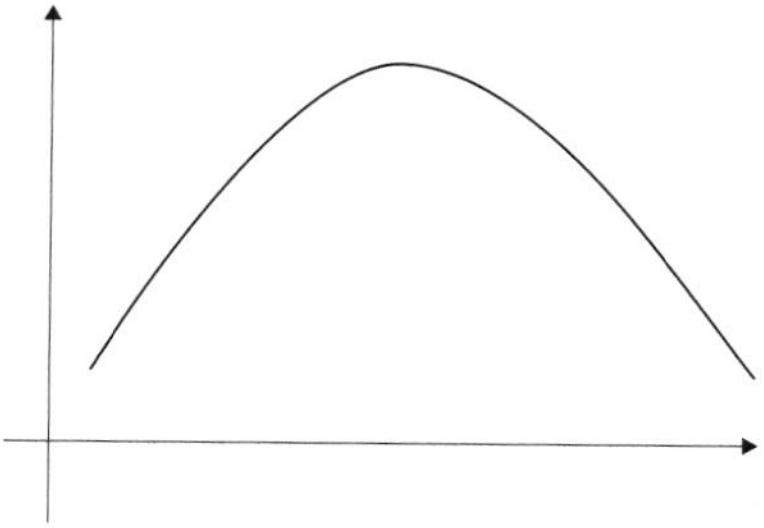

クズネッツ曲線（縦軸は所得格差や経済的不平等、横軸は一国の経済成長）

実は、経済成長理論の理論的支柱であったクズネッツ自身、すでに一九五四年末のアメリカ経済学会の会長講演で、ゆたかになれば所得分配もうまくいくとして、有名な逆U字型（釣鐘型）のクズネッツ曲線（図1）にあたる議論を示した際に、実証的根拠はないと留保をつけていた。実際一九五〇年代の終わりごろには、アメリカなどGDPの高さを誇る先進諸国のゆたかさのただ中にも貧しさが存在する、あるいはゆたかさがそれ自体で貧しさであるかもしれないという疑問が、徐々にあらわれていたのである。[90]
逆U字型のクズネッツ曲線とは、一国の経済成長が進むにつれて所得格差、経済的不平

88　この書評は一九七二年に、農業経済学の雑誌に掲載された。確かにクズネッツは若い時期からシュンペーターの著作に親しんでおり、『経済発展の理論』も読んだはずである。ロストウやガーシェンクロンの開発理論は、遅れて出発した新興諸国が経済成長にキャッチアップし、国際的なステージに参入するとして、諸段階を分類した。クズネッツによる数量データは、そのキャッチアップの筋道を、数量的に確認するものであった。

89　チャンドラーは、『見える手』に続く著作『スケール・アンド・スコープ』（一九九〇年）において、クズネッツの『諸国民の経済成長』とともに、『ムーディーズ・マニュアル』や『証券取引所年鑑』、『株式会社便覧』などの投資便覧や諸企業、政府の報告書、記録類も参照し、一八四〇年前後から一九五〇年代までのアメリカ、イギリス、ドイツの経済成長の比較分析を行った。しかしチャンドラーはクズネッツの市場分析的なバイアスを批判した。クズネッツは「商業」をサービス部門の下位カテゴリーとし、寡占や独占をゆがみ、誤った資源配分とみたが、チャンドラーによれば、完全競争を範とする市場分析が有効性をもつのは一九二九年の大恐慌までであり、それ以降のアメリカ経済の発展を分析できないとした。

90　ガルブレイスは『ゆたかな社会』（一九五八年）において、ゆたかさの質の問題があること、またゆたかさが社会全体のゆたかさを意味しないかもしれないことを指摘した。

等の度合いがしばらくのあいだは上昇するが、成長がさらにある一定の段階まで進むと、今度はその不平等の度合いが減少するようになることを図によって示したものである。つまりクズネッツ曲線は、経済的不平等、格差を理由にして経済成長を批判する論者に対して、経済成長の正しさや必要を相関関係として感覚的に示すものである。今日でいう「トリクルダウン」仮説、つまり成長部門から非成長部門へと恩恵がしたたり落ちるとする仮説とも同等に扱われる。

しかし先にも触れたとおり、クズネッツ自身は結論部分で、その考え方がほとんど現実の経験や統計に即しておらず、九五パーセント、つまりそのほとんどが自身の希望や期待から成ると述べていた。すなわちこの逆U字型のクズネッツ曲線なるものには、まったくと言っていいほど実証的な裏付けがなかったのだ。[91] むろんこれでは科学ではなかった。

通常は実証的アプローチをつきつめてきたクズネッツの講演やその記録であるがゆえに、最後までよほど注意深く聞いたり読んだりしなければ、この留保は見落とされてしまうだろう。本文中にはもっともらしい図表もあることからすれば、シビアにいえば、これはほとんど偽装である。「トリクルダウン」仮説には実証的な根拠はない。それはただたんに、「そうであってほしい」という、その信奉者たちの願望にすぎない。「たんなる数値の羅列ではない」とされたクズネッツへの書評は、裏を返せば、成長志向のこのイデオロギー性の婉曲《えんきょく》な指摘だったともいえる。そして成長型の経済自体も、ちょうどクズネッツのノーベル経済学賞受賞と相前後して、その限界をあらわにした。

経済学の危機を超えて

一九七一年末のアメリカ経済学会大会に招聘《しょうへい》されたイギリスのケインズ派経済学者、ジョーン・ロビンソンは、「経済学の第二の危機」という講演を行った。直接の批判対象とされたのは、社会貢献の使命を失って、生産高や雇用の比率を自己目的的に追求するだけとなった同時代の経済学のあり方だった。経済成長への強い志向性が強迫観念にもなりうることは、たとえば戦争でひたすらものを破壊して新しく作り直しても生産高に貢献し、ただ穴を掘って埋めるという無意味な労働でも雇用機会にはなることからも明らかである。ロビンソンの理論的出自はケインズ経済学だが、彼女はこのような無意味さを、ケ

91　このことが実際にデータを用いて反証されたのは、二一世紀に入ってから、クズネッツの方法論を踏襲したピケティの研究（*Les hauts revenus en France au XXe siècle : Inégalités et redistributions, 1901-1988*）によってであった。

インズの白昼夢と名付けて批判した。

一九七〇年代初頭、アメリカニズムの危機と同じ時期に、経済学もまた危機に陥っていた。以降、経済学の体系はさまざまに分岐したが、危機を乗り越えたとはとてもいえない。社会全般や格差の是正にとって大切な理念が、十分に反映されてはいないからである。

とはいえ近年では、従来の経済指標が社会の目標いかんに関係なく、ただ数値を高めることの尺度となってきたことを反省し、人間の幸福や福祉に資する指標へとそれを改変しようとする試みもあらわれている。たとえばジョセフ・スティグリッツ、アマルティア・セン、ジャン＝ポール・フィトゥシらが二〇一〇年に刊行した報告書では、従来型のGDPに代えて、暮らしの質（QOL）を高めるための新たな指標とその測定方法が提案された。[92]そこで強調されたのは、現在の福祉には経済的要因だけでなく環境など非経済的な要因も含まれるという考え方、またそれだけではなく、そのような福祉が時間を経ても継続できるのかという持続可能性（サステイナビリティ）を重視する視点などである。

報告書の著者の一人、センは、人間の基本的必要（ベーシック・ヒューマン・ニーズ、BHN）が水と食糧だけでないことを起点として考察を重ね、世界中に広い読者層を得てきた。もちろん人間の消費に関する全般的な考察は、一九世紀から大いに模索されてきたが、報告書は一定程度の評価を得た。それでも実際の取り組みを持続的に行って成果を上げていくには、長い時間を要するものと思われる。またBHNが人間の最低限の欲求だとして指標化を行うことには再考の余地もある。食べることや生きることを高尚な文化から区分して低い地位に置くことも、科学への無批判な信奉と視点を共有しているからである。

さらにまた、指標の改善とは別に、そもそもGDPなどの数値を上昇させるのがどのような分野であるかが問われていないという、基本的な問題も存在する。一九八〇年代以降の新自由主義においては、実物部門の成長の鈍化を金融部門が補塡するようになり、この依存構造が世界中で強まった。アメリカニズムには、貨幣・金融市場に関する十分な戦略がなかった。これらの点は思想的課題として、一九七〇年代以降に持ち越されることになったのだ。

92　Stiglitz, Sen, and Fitoussi 2010, *Mismeasuring Our Lives: Why GDP Doesn't Add Up*, New York/London, The New Press.（『暮らしの質を測る――経済成長率を超える幸福度指標の提案』福島清彦訳、金融財政事情研究会、二〇一二年）。元フランス大統領のニコラ・サルコジが序文を寄せている。

第八章（特別編）　工業化される「農」——食にみるアメリカニズム

世界の食料供給地であったアメリカの農業経済学者シュルツは、戦後世界の「緑の革命」推進にも関わるなど、「胃袋の平等」思想の権化《ごんげ》のような存在であった。この「胃袋の平等」思想は、農業の産業化によって貧困を解消し、誰もが「食べられる」ようにする使命を担うものとしてみずからを任じていた。

貧しい農家の家庭に生まれ育ったシュルツは農家の苦悩をよく知っていたがゆえに、逆に農業の「産業化」を推し進めようとした。農業も工業のようになれば農民もゆたかになれる、そう考えたのだ。農業州アイオワで自由主義経済の旗を掲げた頃から、チリのシカゴ・ボーイズの育成、一九七三年九月一一日クーデター以降のショック・ドクトリンの擁《よう》護《ご》まで一直線、自由主義の経済成長に希望を託す姿は実に一貫している。書評でクズネッツを高く評価したのも、もちろん同じ方向性からのことだった。

飢餓から人びとを救うための、「貧しい人びとに安価な食料を」というかれの主張は、一見、誰にとっても公正な理念であるかのようにみえるだろう。しかしその行き着く先は所詮は食の工業製品化であり、また第三部でみることになるが、「貧しい者は惨めな食料で満足しなさい」という、富者の差別意識を含む格差の拡大でしかなかった。衣食足りて、礼節を知るどころか貧者を差別する。本人が無自覚であるだけに、さらにいっそう始末が悪い。「科学」を標榜する自由主義経済学の構造的な落とし穴が、ここにも露呈するのである。

農民運動の興り

まず大恐慌下のアメリカ、アイオワ州の状況を見てみよう。大戦間期のニューディール政策において、農業調整法に基づく農民救済のための諸政策が行われたのは、農業生産地で激しい民衆運動が展開されたからだった。農務長官ヘンリー・アガード・ウォレスのもとには農民からの声が数多く寄せられ、ウォレスは農民団体指導者の全国会議を招集した。そこでの生産量や価格に関する議論が以降の農業政策の基本的な方針を決定づけた[93]。やがて農業所得は徐々に回復し、一九三九年から一九四一年にかけて、ほぼ一九二九年の水準にまで回復した。それはニューディール政策の成果とされたが、それ以前の一九三〇年代の状況は、すでに触れた通り、きわめて悲惨であった。

アイオワ州、特にその北西部は、世界でも最も肥沃な農地の一つとされ、トウモロコシ、燕麦《えんばく》、干し草などをミルク、豚、牛、家禽に替える多角農業のモデル的な経営が行われていた。しかし一九三一年の干魃《かんばつ》、害虫の被害などにより、農民たちの生活は逼迫《ひっぱく》した。農民の負債増から農地の強制的売却数が増大し、土地を失った者はそれでも農業を続けるとすれば小作農として働くしかなく、労働者に転じようとしても、こちらの就労機会も限られていた。

そこで州都デモインに農民たちが集まってストライキ開始を宣言し、「農民休日運動」が興った。これと連動した民衆運動も、次第に拡大していった。それは近隣諸州にも広がり、南部やその他各地でも、農民によるストライキや抵抗運動、請願などが行われた。ミルク生産者組合が道路を封鎖し武装して襲撃を行うなど、警官や保安官と衝突する激しい運動を展開したところもあった。

ところがこのような農民の抵抗は、立場を同じくしない者からは、既得権益層による横暴なふるまいととらえられた。すなわちこうした農業生産者たちの申し立ては、大所高所からものを見ると自任する自由主義的経済学者にとっては特定利益団体による圧力にすぎず、排除されるべきものと見なされたのである。やがてアイオワの地に起こる大きな論争は、まさにこの論点をめぐるものだった。

農業経済学者シュルツ

ここで、前章のクズネッツの書評を書いた農業経済学者、セオドア・ウィリアム・シュルツにさらに焦点を当ててみよう。[94]

シュルツは一九〇二年、ドイツからの移民で農業を営む両親のもと、アメリカ中西部のサウスダコタ州に生まれた。初等中等教育後、高校に進学できずに実家の農場で数年はたらいた後、地元のサウスダコタ州立大学で農業を学び、さらにその後、ウィスコンシン大学に進学して農業経済学を専攻した。両親は大学進学には反対だったが、シュルツ自身は

93 ウォレス自身、アイオワ州立農業・機械大学（現アイオワ州立大学）で農業を専攻し、一九二〇年代にはハイブリッド種トウモロコシの開発に携わったり、食糧増産のためにハイブリッド種トウモロコシの生産拡大に尽力したり、ハイブリッド・コーン・カンパニーを設立したり、また農民新聞（Wallaces' Farmer）の編集者をつとめたりした。

94 シュルツの著作は、初期のものから代表作までほぼ邦訳されているが、かれに関する研究は日本においても世界においてもあまり多くない。以下に扱う部分に関する出典は、おもにアイオワ州立大学所蔵の文書と、そこに所蔵された修士論文によった。それでも二〇一〇年代前後から、アメリカを中心とする経済思想史家たちによって、シカゴ学派経済学に関する論考集が二冊刊行され、シュルツに関する研究も多少は進んだといえる。

農業従事者が「食べていく」ことを持続する厳しさ、むずかしさを肌身で感じたことをきっかけに、むしろ大学進学を望んだのだった。

「第一次世界大戦後の不都合な経済的出来事が、わたしを経済学へと向かわせた。（中略）農作物価格は突然、半分以下まで下落した。銀行が破産し、多くの農民たちは請け戻しの権利を失う被害を蒙《こうむ》った。責められるべきは政治なのか経済なのか。わたしは経済学を選んだ」と、後に回想している。

卒業後はウィスコンシン大学で農業経済学の助手として修士号、博士号を取得、一九三〇年からはアイオワ州立大学の経済学・社会学教授を務めた。ちょうど大恐慌の影響が忍び寄り始めていた頃である。一九四三年にシカゴ大学へ転出し、一九七二年に退職したが、一九七九年にはノーベル経済学賞を受賞するなど、長きにわたって影響力を持ち続けた。一九九八年に死去。

シカゴ大学は、大戦間期に始まり戦後もずっと継続して、自由主義的・新自由主義的経済学の拠点として知られてきた。理論的支柱として何かと派手な言動で看板学者となったミルトン・フリードマンは、一九五〇年代に頭角をあらわして以後、強い影響力をもったが、かれがシカゴ大学に来たのは、シュルツが赴任した三年後の一九四六年のことだった。

フリードマンが躍進した頃には、シュルツはすでに一〇年あまりも学部長をつとめ、シカゴ学派の学問的基盤を整備していた。[95] すなわち、世に有名なシカゴ学派の強力な組織者、「影の」（別に隠れていたわけではないが）イデオローグは、実はシュルツだったのだ。戦後にシカゴ大学経済学部で学んだアンドレ・グンダー・フランクは、後にフリードマンを批判した公開書簡の中で、農業をアグリビジネスに変えたシュルツが、フリードマンとともに経済学部を率いて方向づけていたと、学生時代を振り返っている。

チリと戦後のシュルツ

シュルツは戦後には、シカゴ大学を担う一人として、ラテンアメリカ諸国、特にチリの開発にコミットした。もっとも、一九七三年のアウグスト・ピノチェトのクーデターをかれ自身が望んだわけではなく、またクーデター後にシカゴ・ボーイズに経済政策を伝授したわけでもなかった。シュルツに直接的な政治的影響力はなかった。しかし当時の冷戦構

95 フリードマンにはシュルツの粘り強い交渉力や組織力、そして人の能力を見抜く鋭さが印象的だったらしく、また快適な研究環境を整備した功績についても高く評価している。

造をそのまま受け入れたかれらの政治的意識や社会通念を、シュルツが支えたことは間違いない。

かれが生涯をかけて追究した経済学とは、まぎれもなく、「チリの奇跡」を大きな成功例としてとらえるような立場、すなわち経済における自由主義と、その下でのすべての分野の産業化、自由貿易と経済成長を標榜するものだった。クーデター後の経済政策、つまりショック・ドクトリンとも呼ばれる急激な自由主義的経済政策を、シュルツはもっとずっと早く、すなわちすでに戦後すぐの時期から一貫して方向づけていたのである。

ちなみにこの、いわゆる「チリの奇跡」は一〇年ともたず、しかもその間に国内に深刻な経済格差と、栄養失調者や餓死者が出るほどの極度の貧困をもたらした。国内の多くの人びとが食べていけないこのような状態を、どうすれば「奇跡的成功」などと呼ぶことができるのだろうか。シュルツ自身には、たしかに悪気はなかったのかもしれない。いやむしろ、悪気がなかったからこそ、とんでもないのである。

シュルツは一九七九年、アーサー・ルイスとともにノーベル経済学賞を受賞した。両者ともに開発経済学の分野における業績を認められ、その受賞理由は、「特に発展途上国の諸問題を考慮に入れ、経済発展の研究に先駆的な役割を果たしたため」とされた。シュルツに関してこれは、控えめに言っても皮肉あるいは逆説的であり、途上国の発展とは何かと問い質したくなる。

シュルツは、農業部門も人的資本への投資などの考えを導入することで、他の産業部門と同じく経済学の合理的なロジックによって理解することができ、さらには経済成長に貢献できると考えた。この説が途上国の経済成長に寄与するというのがシュルツの受賞理由であった。[96]シカゴ大学でフリードマンとシュルツの双方から教えを受けた弟子にゲリー・ベッカーがいるが、ベッカーの名を世に知らしめた「人的資本」の概念や教育に関する視点は、実はシュルツから継承したものであった。[97]ベッカーの経済学は、生死や結婚など、人間と社会にとって大切な要素までも合理的に分析して批判を受けたが、もとのシュルツにも、それと通底するものがある。

たしかに、経済開発を他の何にも優先して進めるべきだという視点に立てば、かれの論理にも一理はある。そもそもシュルツの考え方は、ニューディールから戦後のアメリカと

96 なおシュルツは一九八〇年代以降になると、農業より工業を偏重する風潮に対して警鐘を鳴らし、収穫逓減の法則や一九七〇年代にローマクラブが警告した「成長の限界」と闘うと主張した。
97 ベッカーの『人的資本』(一九六四年)にはシュルツからの継承関係が見えやすい。

いう時代や場所の要請に対応したり反発したりする中で生まれ、また育てられもしてきたものだった。かれは「アメリカの胃袋」と言われるコーンベルト、トウモロコシの大規模生産地帯の一画で、みずからも農業の実践経験を持ちながら、だからこそ農業従事者のためを思い、農業が安定した利潤を生むように、そして生産者たちの特殊利益を離れて農業が産業の一分野として一国の経済成長に貢献するようにと、かれなりに尽力したのだった。

さらに第二次世界大戦後には諸外国の状況を知り、みずからの考え方が発展途上国にも適用できることに思い至り、飢えや貧困への処方として論じた。いわゆる緑の革命や、アグリビジネスによる農業の工業化・産業化とも連動し、本人の思惑はともあれ、かれの評価を高めもした。そして結果的に、戦後の食糧増産に「全体としては」(この留保の意味は、この先を読んでいただければ理解されると思うが) 貢献することになった。

もちろん、食べていけることは、すべての人びとにとって、とても大切なことである。しかしシュルツが打ち出した方向性は、食物を工業製品に変質させることにより、それぞれの土壌や暮らしに根づいていた多様な食の文化を致命的にやせ細らせてしまった。それは端的に言って、「食べられるだけで満足」という戦時中のかつかつの価値基準を平時にも持ち込むものでしかなかった。そしてその結果、平時の生活の最低限を保障するというよりは、その最低限から逃れられる富裕層とそれ以外の層との格差という、現代の貧困の素地を作ることになったのだ。

農業従事者の土まみれの暮らしをどこか卑下するかのように、シュルツは、農業を産業として引き上げることにより、逆に農業の存在自体を何やら「ふがいなきもの」として否定してしまったのである。以下では、かれの思想にあらわれたこのような両義性を、バターとマーガリンという食品を題材として考察することにしよう。

アイオワ州立大学の研究と実践

アイオワ州立大学は、アメリカの一九世紀後半（一八六二年）の法律によって、農工研究施設を設置することを条件として国に土地を与えられ、その後のさらなる法整備によって農業への研究の特化や農場での実験への財政的支援を受けた「指定大学＝ランド・グラント大学」のひとつであった。歴代の担当者たちは、農場での実験や、農場経営に重点を置いた研究を進めてきた。こうして農業経済学は、科学や工学などの知識も援用した上で、統計学、国際貿易やマーケティング、金融なども視野に入れつつ、国家の農業政策に専門的にこたえられるように制度的に整備されていった。

シュルツは異例の若さで採用され、さらには採用からわずか二年ほどで経済学・社会学部長になった。学長から重大な責任を与えられたのは、大恐慌の苦難と地元での農民たちの運動の影響だったのではないかと推測される。シュルツは、理論や実証研究、歴史研究ばかりでなく、政治学的・法学的分析、社会心理学、社会人類学なども含めた幅広い研究手法を探るようにと同僚たちを鼓舞し、エイムス（アイオワ州立大学の所在地）経済学派と呼ばれる専門家集団を形成した。

統計学とのパートナーシップによる、数学的に洗練された手法の発展にも尽力した。かれ自身も、ロナルド・エイルマー・フィッシャーのサンプリングの手法を農業経済に活かす方法の考察を行った。[98] また農務省や、その調査機関である農業経済研究所（ＢＡＥ）からの研究外注にこたえ、農業実験ステーションを始動させるなど、多くの研究プロジェクトを運営し発展させた。相当なやり手であったことはたしかである。

しかし一九三〇年代ごろから、地元農民の利益保護の観点から国家の政策を批判した研究の扱いをめぐって、次第に軋轢《あつれき》も生じるようになっていた。[99] 大学当局は、地元農民と政府とのあいだにあって、政府側に立つ経済学者の主張も守りつつ、何とか事態を丸くおさめようと苦心していた。ところがシュルツだけは例外的に原則主義者であった。かれは特殊利益と一般利益の間では、つねに一般利益の側に立っていた。かれの立場からすれば、特殊利益の保護を求めることはみずからの主義に反していた。だが地元は農民側に立っており、歴代の学長はシュルツに潜在的な危険を感じとり、一定の距離を保っていた。

バター・マーガリン論争

一九四〇年代に入ると、第二次世界大戦参戦という時局のもと、アイオワ州立大学にも指定大学としての役割がいっそう強く求められるようになった。農務省からの要請にロックフェラー財団からの財政支援がつき、シュルツをリーダーとして、「国家の政策が食糧生産と分配に与える影響」に関する大きな研究プロジェクトが始動した。[100] ニューディール期以来の価格統制が行われていた戦時下にあって食糧供給は最重要課題だったが、これを

98　フィッシャーの研究も、ロンドン郊外のローザムステッド農事試験場に職を得て行った肥料実験によるものであった。フィッシャーのサンプリングの手法は、少数の観測値から全体を推測する手法であり、もっとも有効かつ適切に応用されたのは工業的大量生産の場においてであった。シュルツは農産物の多様性が統計上のエラーではなく、そもそもの性質であるとして、サンプリングの手法を考えた。

99　スタッフの一人、マーガレット・ギルピン・リードが一九三七年に、チェーンストアへの増税はアイオワの小さなコミュニティに深刻な影響を与えると論じたところ、助成を受けたプロジェクトに合わないのではないかとして、政府から問題視された。このことによって、政府に支援された経済分析には潜在的な限界があると、権力側から示唆されたのであった。

経済学の立場から研究するプロジェクトである。シュルツは研究成果を順次、研究メモの小冊子やパンフレットシリーズとして刊行するなど精力的に共同研究を進めた。[101]だがそこで、先に述べた微妙な軋轢が顕在化した。

一九四三年三月、若手のメンバー、オズワルド・ハーヴェイ・ブラウンリーがマーガリン生産の増大を推奨する第五パンフレット『戦時体制下の酪農業』を刊行すると、地元の農民や乳製品業者、アイスクリーム業者らが次々に学長に苦情の手紙を送った。[102]それは、農業の苦しさに拍車がかかることを懸念するものや、マーガリンの栄養に関する疑問を述べたものが主だったが、中にはアイオワ州立大学に失望したので息子二人を入学させるのを取りやめたという脅迫めいたものもあったという。

酪農業の行方は関係業者には死活問題だった。地元の「デモイン・レジスター」紙や業界誌の『乳製品ジャーナル』などには大きな広告が掲載され、論考の回収や改訂が要求された。やがてミネソタ州で大規模な会議が開かれ、シカゴや他州のメディア、さらには『リーダーズ・ダイジェスト』や『ハーパーズ・マガジン』などもこれを取り上げるなど、問題は次第に他州にも知られるようになっていった。ミネソタ州の全米酪農協会の会長、ワシントンにある国際アイスクリーム生産連盟の事務局長などからも批判的な手紙が届いた。一方、大学の自由を守るべきだとする市民、マーガリン業者やその原料生産者、栄養学者などは、論考に賛同の意を示し大学側を応援した。ブラウンリーの第五パンフレットは、「バター・マーガリン論争」と呼ばれる大問題を引き起こしたのである。学長らは事態を収拾すべく学内に専門委員会を立ち上げて和解の方向を探ったが、シュルツは持ち前の原則主義を曲げず、いかなる批判にも応じないとした。結局これをきっかけにシュルツはアイオワ州立大学を辞し、シカゴ大学へと転出した。[103] シュルツの辞職にともなって、アイオワ州立大学では一九四五年までに一六名、戦後数年のうちにさらに三名

100 きわめて異例なことに、ロックフェラー財団からプロジェクトの準備金として支給された一万ドルは、学部長シュルツの方針に基づいて自由に使い切るようまかされていた。

101 アイオワ州立大学図書館の特別コレクションの所蔵資料によれば、一九四二年から一九四五年までの間にメモがNo. 1からNo. 29まで、パンフレットは第一巻から第一一巻まで刊行されている。

102 ちなみに一九三〇年代終わりごろから四〇年代にかけて、アイスクリームの消費は大きく伸びた。当時の地元の雑誌『乳製品ジャーナル(Creamery Journal)』(July, 1943)には、年間二億八二〇〇万ガロンから四億五〇〇〇万ガロンへと、四年間で五割増以上に伸びたというデータもある。

103 もっともこれが唯一の原因だったのではなく、世界の農業生産物取引の中心地に位置する私立大学であるシカゴ大学経済学部の側にも、農業経済学を発展させたいという強い意向があり、もともとシュルツを招聘したいと考えていたため、この機会に実現したという面もある。ともあれ影響は甚大であった。

と、全部で一九名もの経済学者が離職した。シュルツがリーダーシップを発揮したアイオワのエイムス経済学派はかくして担い手を失い消失した。

バターかマーガリンか

論争の元となったブラウンリーの論考の主張は、限りある乳素材からは、なるべく牛乳とチーズを生産し、一方バターの生産は減少させてオレイン酸マーガリンによって代用せよというものであった。[104] 当時は戦時体制下で、価格統制や食糧割当制度もあり、食糧供給全般、とくに牛乳の供給が不十分になっていた。

のみならず、アメリカはレンド・リース法によってイギリスにも乳製品を送っていたので、人材の確保も日ごとに厳しくなっていた。栄養補給、労働生産性などを考慮しつつ、生産や流通の調整が必要なことは明らかであった。それゆえ限りある原料は、他に代用がきかず、食糧としての栄養価も高い牛乳やチーズの生産になるべく振り向けられる「べき」であり、油脂としてのバターの生産は、たとえ収益性は高いとしても減少させざるをえない。マーガリンでも同じ程度の栄養が得られるのだから、代替させても消費者的には問題はない、そうブラウンリーは主張したのだった。

オレイン酸マーガリンは、大豆が約三分の一、綿の実が約三分の一、スキムミルクその他もろもろで残りの三分の一という成分の加工食品である。当時、大豆や綿の実にはそれなりに十分な蓄えがあった。またマーガリンには、オレイン酸マーガリン法という法律によって細かい課税の規定が定められ、製造と輸入に大きな制限がかかっていたので、当時、輸入はほとんどなかった。[105] そこでブラウンリーは需給や栄養に関するデータから、マーガリンへの課税の不当性にも言及していた。

これが地元酪農業者の怒りを買った。酪農業者たちからすれば、バターは「稼ぎ頭」であり、その生産はマーガリンに圧迫されないように法律によってしっかり守られているはずだった。またマーガリンへの代替によってバターでの収益が失われるだけでなく、バタ

104　若手のブラウンリーは、シュルツらプロジェクトメンバーのもとで報告をしたり草稿にアドヴァイスを得たりして、ようやく論考を刊行した。そもそもこのパンフレットシリーズは、シュルツ自身が強くコミットした第一巻から第九巻（一九四三年五月刊行）に至るまで、ほぼ類似した章構造と分析手法で書かれており、データ収集はプロジェクトメンバーによって合同で行われていた。

105　オレイン酸マーガリン法は一八八六年に制定され、一九〇二年に改正された。ヨーロッパのマーガリン製造の展開とも連動していたのだろう。改正後は着色したマーガリンに一パウンドあたり一〇セント、そうでないものには〇・二五セントの税金がかけられたそうだ。輸入にはさらに関税がかかった。

ーという伝統的な食品が（百歩譲って仮に栄養価は同じだとしても）「変な」加工品に取って代わられることへの抵抗感もあっただろう。酪農業者たちは、この論考がたんに著者だけのものではなく大学全体の考えではないのか、そしてそれが、プロジェクトを要請した国家の方針を決定づけるのではないかと恐れていた。[106]実際、一九四三年夏には戦時食糧管理局（War Food Administration）がバター一二割減、マーガリン二七パーセント増の通達を出している。プロジェクトの主張が国家の方針に影響を与えるという見方は、あながち的外れではなかったのだ。

学長を含む大学当局からの強い要請により、ブラウンリーはトーンダウンした主張へと論考を改訂せざるをえなくなった。[107]しかしシュルツは、みずからの率いるプロジェクトへのこの改訂要求を不服とし、大学当局との数度にわたるやり取りの後、ついに辞職願を提出した。[108]シュルツには、地元の農業者たちの特殊利益に屈することは、大学における学問の自由が失われることと、まさしく同義であったのだ。

しかしこの一件はそのことだけにとどまらず、シュルツ自身の食や農業に対する一貫した立場も示していた。すなわち農業も、たとえ人間にとって「食」が不可欠なものであるとしても、やはりあくまでも一国の産業全体という視点から概観されるべきであり、農業だけを特別扱いするべきではない、そして地元農家という特殊利益からの圧力は、総体的に一国の経済全体にとっては障害になる、という立場である。シュルツはその出自から、農業従事者たちの生計の苦しさを十分に理解していたはずだった。にもかかわらず、自らの自由主義者としての信念から、農業保護をよしとはしなかったのである。

マーガリンと自由主義

このバター・マーガリン論争を、シュルツの思惑や戦時下の状況など歴史的な文脈から切り離して考えるとどうなるだろうか。

ことの顚末は、「バターの代わりにマーガリンでもいいではないか」という考え方が認

---

106 パンフレットの巻頭言は、アメリカ全体を見据えた方針を示していた。「アイオワ州立大学経済学・社会学部のメンバーによって準備された、このパンフレットのシリーズは、農業政策と食品マネジメントにおける『何』、『なぜ』、『どのように』を扱っている。アメリカ人は自国民を養うだけでなく、同盟国の労働者や兵士をも食べさせていかなければならない」。

107 一年余りをかけて刊行された改訂版は分量も増し、データも大幅に追加されたが、バターの生産を減少させるべきという主張や、マーガリンでも同じ程度の栄養補給になるとした主張は大幅に削られた。

108 シュルツは学長に宛てた辞職願の手紙のなかで、事件をふまえた学内改革から外されていたことに、なおも異議申し立てをしている。

められなかったことを示している。たしかにより安くより大量に手に入れられる原料によって作られた代用品、加工品かもしれないが、それで済ませても栄養的には変わらないし、味もそれほど劣ってはいない、そう考えることはもちろん可能だろう。しかしこういった考え方は、酪農で生計を立てる人びとの暮らしのみならず、消費者の食生活も破壊するとして、大反対に遭ったのだ。

その結果、国家的プロジェクトの責任者であったシュルツが辞職し、二〇名近くの教員たちも大学を去ったことは、一見するとバター側、すなわち地元農民側の勝利と見えるかもしれない。しかしその後の展開はどうだっただろうか。多くの教授陣を失ったアイオワ州の大学教育は大きな損失を被ったに違いない。さらにいえば、戦後世界はむしろもっぱら、バターの代わりにマーガリンでもよいではないかという、シュルツに代表される価値観によって進んでいくことになった。バターに固執することは、古い価値観や狭い特殊利益に囚われた立場にすぎないと見なされるようになったのだ。

シュルツが一九七九年にノーベル経済学賞を受賞した際、地元の新聞「デモイン・レジスター」は、比較的長い記事「かつてのアイオワ州立大学教授がノーベル経済学賞を受賞」を掲載した。そこではマーガリン論争にも触れられていたが、同時にシュルツが農業の産業化に深い憂慮を示しているとも述べられている。しかし、農業の産業化とは、そもそも他ならぬシュルツ自身が擁護し、強力に後押しした方向性なのである。おそらくかれは、みずからが守ろうとしたものが、あるいは壊そうとしたものが何だったのか、自分でもよくわかっていなかったのだ。

参考――ナチズム期ドイツにおけるバターとマーガリン[109]

バターは日常的な食品だが、それなりに保存のきく加工食品でもあるので市場に出すのに適しており、収益性も高かった。一方、バターよりも安いマーガリンは産業化、工業化の産物という性質がバターよりもずっと強い。バターは第一次世界大戦後のドイツにおいて、農業生産物の代表格として農業生産者たちの交渉の道具、そして戦略的武器となり、ナチズムの演説において繰り返し語られた。日用品を示す便利な言葉としてメディアに好まれ、やがて比喩として国境を越え、とりわけアメリカのメディアで「バターと大砲」の比喩として再生産されるようになった。

アメリカでニューディール政策が始まった一九三三年三月、ドイツではヒトラーが全権《ぜんけん》委任法《いにんほう》に基づいて全面的な権力を握った。それはまたドイツでの経済不況が深刻化した時期でもあった。

バターを含む酪農、畜産業の生産物は当時、需要に比して供給が十分でなかったため相対的に価格が高く、農家の重要な収入源となっていた。また農民たち自身が食べるのではなく市場で収益を上げるものであったので、多分に投機的な性格ももっていた。

しかしオランダやデンマーク、スウェーデン、フィンランドなど酪農の盛んな近隣北欧諸国との競争も熾烈《しれつ》だった。そこでドイツの農業関係者はこれらの諸国と新たに結ばれる通商条約において、関税率や輸入の割当量を通じた保護的政策を政府に要求し、バターの関税率がしばしばその矢面に立たされることになった。ただし農業界の利害関心は、上記の諸国への工業製品の輸出で利潤を上げようとするドイツ工業界の利害関心とは相反していた。ナチスが農業界と工業界の利害対立の調整に腐心しなければならなくなってゆく過程で、バターの関税率や割当量は国際貿易における典型的な交渉材料として、また国内向けに見えやすい成果として、つまり政治的な道具として、盛んに用いられるようになってゆく。

一九三二年には、アウタルキー（自給自足経済）[110]の必要性が語られるなど、政治権力はまだかなり農業界に寄り添っていた。それでもバターをはじめ酪農・乳製品、畜産製品の価格は全般的に暴落し、穀物価格も低下して農業恐慌が深刻化したため、農産物のさらなる保護要求が続いた。次第に農民と労働者が協働したデモも行われるようになり、共産主義、ボルシェヴィズムの脅威が懸念されるほどになった。バターには輸入割当制が実施され、輸入量は半分程度にまで縮小された。[111]

---

109 ドイツの事例に関しては、農業経済学や経済史の分野に厚い先行研究が存在するが（たとえば古内博行「ワイマル期ドイツ農業の構造と経営危機」『土地制度史学』二三巻一号、四三～五九頁、「ワイマル期ドイツ農業の危機と農業政策」『社会経済史学』四六巻2号、一三七～一六一頁、二四〇～二四一頁など）、熊野直樹『ナチス一党支配体制成立史序説 ── フーゲンベルクの入閣とその失脚をめぐって』（法律文化社、一九九六年）、「バターとヒトラー内閣の成立」『学士会会報』八五八号、二〇〇六年、一二七頁～一三二頁が詳しい分析を行っている。熊野は、ヒトラー内閣が組閣された一九三三年一月末からおよそ半年あまり連立与党であったドイツ国家人民党（DNVP）、その党首であり経済相、食糧・農業相となったアルフレート・フーゲンベルクと全国農村同盟（RLB）の動向に着目し、ドイツ全国工業同盟（RDI）やドイツ商工会議所（DIHT）との利害対立、内部調整によってヒトラーが台頭した過程を描き出した。また英語圏などでも近年の歴史学研究において、ドイツのナチズム時代を農業、有機農法や食の観点から分析する研究が増大しており（Treitel, C. 2009, Nature and the Nazi Diet, "*Food and Foodways*" 17(3), pp. 139-158、Gerhard, G. 2011, Food as a Weapon, "*Food, Culture and Society*" 14(3), pp. 335-351. など）、日本にも藤原辰史『ナチス・ドイツの有機農業 ── 「自然との共生」が生んだ「民族の絶滅」』（柏書房、二〇〇五年／新装版二〇一二年）、『ナチスのキッチン ── 「食べること」の環境史』（共和国、二〇一六年）などがある。

110 アウタルキーの立場は、輸入を制限し、輸出に見合う限りにとどめようとした。

その一方では、問題はバターだけではなく全般的な「油脂問題」であるとして、その重要性が声高に語られるようになった。おそらくこのことには、当時、合併によってマーガリン生産の巨大な多国籍企業[112]が出現したことで、代替品としてのマーガリンの存在が浮上してきたことが関わっていた。マーガリンはもともとフランスで製造が始まったが、一八七一年にオランダの企業が特許を取得し、フランス以外で初めてマーガリン製造工場を操業した。そしてその後バターに代わる安価な代用品として売り上げを伸ばしてゆき、ドイツやイギリスなど国境を超えた事業展開も行った。一九二九年の大合併ののち、同企業は一九三〇年代から一九四〇年代にかけて油脂加工における世界最大の企業としての存在感を誇示していた。その二大製品が他ならぬマーガリン、そして石鹼であった。

マーガリンはこの時期からオランダにおいて、バターよりも安い代替品として買い求める人が増加して大きく消費率を伸ばした。ちょうどアウタルキーが語られ始めた一九三二年頃、オランダではドイツによるバターの関税率引き上げに対抗してドイツからの工業製品へのボイコット運動が起こるなど、貿易戦争のような状況になっていた。それがドイツにはね返り、輸入バターとの競合、マーガリンとの競合からくる国産バターの価格下落に苦しむ農業生産者と、ボイコット運動により輸出に苦戦する工業生産者との利害の対立が激化することになったのだ。

政権は対応を迫られた。ヒトラーが政権の座についたころには農業界から、バターの需要拡大のためにマーガリンのなかに一定量のバターを強制的に混合させるようにと要求されたが、[113]マーガリンを製造する工業界や、マーガリンの価格が上がったとしてもこれを買わざるを得ない労働者の激しい反発を生み、ヒトラーも、必ずしも賛成してはいなかった。この頃から二、三年の時期は、ナチズムが党大会、ベルリンオリンピックなどの巧妙なプロパガンダによって次第に人びとの支持を増大させ、戦争へとなだれ込んでゆく時期

111　一九二九年の一三五万五〇〇〇キンタルから、一九三三年には五九万一〇〇〇キンタルへと低下した。

112　この多国籍企業は一九二九年の合併によって、オランダとイギリス、ドイツにわたる巨大なマーガリン企業となった。やがてユニリーバとして著名になる企業の前身である。それまで、経営に長けた別のマーガリン企業（マーガリン・ユニ）やハプスブルクの日用品のコンツェルン、そしてイギリスで一九世紀から石鹸の事業を行って発展した多国籍企業（リーバ・ブラザーズ）がさまざまな調整を経て、合併、統合のプロセスを重ね、ついに一九二九年九月に大合併を果たしたのであった。

113　結局、強制的混合は二〇パーセントという一定比率で決定され、マーガリン生産は従来の六割に減じられることになった。マーガリン生産の多国籍企業の経営陣は、ヒトラーやゲーリングらとの交渉により、何とか折り合いをつけようと試みたが、限界があった。戦後にはマーガリン以外の加工食品、冷凍食品の分野の展開が、おもな企業戦略となった。

である。それでも政権や党内部では、労働者や貧しい人びとの食や暮らしを保障しようとして、さまざまな調整に腐心もしていた。しかしバターやマーガリンの輸入は、為替を通じて直接的にドイツの外貨獲得問題に影響するために、その調整にも限界があった。

やがて公的な場面で、政権中枢のプロパガンダ担当のゲッベルスが、「バターか大砲か」、あるいは「バターではなく大砲を」のスローガンを掲げ、これをヘルマン・ゲーリングがラジオ番組や演説で繰り返し用いるようになった。いわく、バターは無くても済ませられるが、大砲は無くてはならない。人びとがどんなに平和を望んでも、敵を撃たなければならないことがある、大砲は帝国を強くするが、バターやラードはせいぜい国民を肥え太らせるだけである、そうナチスの為政者たちが述べはじめたのだ。

バターは一見、たんなる日用品にすぎないようにみえるが、実際には農業界の生々しい利害関係の渦中にある商品の典型であった。しかしこの「バターと大砲」の比喩は、やがて英米圏のメディアに活用され、生活と軍備のコントラストとして、繰り返し用いられるようになるのだった。

第三部　新たな経済学の可能性をもとめて

——擬制商品（フィクション的商品）の呪縛から離れて

第九章　世界システム分析の登場

シュルツやアメリカニズムを批判的にみる視点は、たとえばアンドレ・グンダー・フランクにおいて、アメリカの支配の影響を直接、被ったラテンアメリカ、たとえばチリの人びとの暮らしを見つめることによって醸成された。そこで本章では、世界の「ほんとうのありさま」を把握する際の指針として、フランクをふくむ世界システム分析の考え方の骨格をみてみよう。

アメリカニズムによって駆動される「自由主義経済」はグローバル化を高唱したが、食べて生きてゆくことのできない人びとの数が増大すると、グローバル化を批判的、構造的にとらえようとする動きが一部、研究者のあいだで顕在化することになった。

この立場、すなわち「世界システム分析」が前提とする、フェルナン・ブローデルの「三層構造」の概念、つまりいちばん下の土台として、物質と人間の代謝が行われる日常的な「物質世界」、次いでその上に広義の「市場経済」、さらにその上に、その特殊な形態としての「資本主義」を置くという構造認識は、古代、中世からの長い歴史的な時間軸を視野に入れた上で経済学をときほぐす際に有効である。二〇一九年に他界したイマニュエル・ウォーラーステイン[114]は、この視点から、自然科学者などと協働して経済学を含む社会科学のあり方そのものを見直し、「社会科学をひらく」ことの重要性を説いた。

世界システム分析とは何か

一九七〇年代にうまれた世界システム分析は、第三章で触れた、スウィージーが創刊した『マンスリー・レヴュー』が論文を掲載するなど、当初は基本的に資本主義批判の理論であった。資本主義の「中心」的な担い手が、「周辺」を従属させる構造によって世界システムを成り立たせているとして、資本主義を批判的な視点から歴史的に分析したのである。その際、既存システムに対する反システムの運動として、社会主義とナショナリズムが挙げられていた。

114　ウォーラーステインは一九七六年にニューヨーク州立大学ビンガムトン校にフェルナン・ブローデル・センターを開設し、雑誌を刊行した。関心を共有するさまざまな研究者たちがここに集まり、世界システム分析の体系を練り上げていった。かれは二一世紀に入ると入門書も著し、体系化を進めた。

その代表的な論者であったイマニュエル・ウォーラーステイン、アンドレ・グンダー・フランク、ジョヴァンニ・アリギらはいずれも欧米出身だが、[115]若い時期にマルクス主義に魅了され、アフリカの現場を体験した。ウォーラーステインはセネガル他数ヵ国、フランクはガーナとギニア。またアリギは旧ローデシア（現在のジンバブエ、ザンビア）で独立運動に関わって国外退去となり、タンザニアに逃れてそこでウォーラーステインに会っている。こうして彼らは宗主国からの独立後にも新興独立国に経済的従属状態が残存することを知り、支配と従属の依存関係を打開しなければ、問題の解決は不可能であると認識した。先に挙げた社会主義とナショナリズムがその打開のための二つの軸とされたが、これらは理論というよりは、運動を支える理念であった。

世界システム分析の源には、もう一つの（代替的な）「発展」という考え方がある。アルゼンチン出身のラウル・プレビッシュは、大戦間期から第二次世界大戦後にかけての、世界の「中心」諸国による「周辺」諸国の支配を説き、一九六四年には国連貿易開発会議（UNCTAD）に「プレビッシュ報告」と呼ばれる報告書を提出して、国際社会における「周辺」諸国の存在を主張した。南北アメリカ地域のあいだに大きな経済格差が存在したのと同様に、世界における南半球と北半球にも格差があり、北半球が南半球をしばしば従属させていた。世界システム分析は、この「南北問題」の従属構造を、世界システムとしてモデル化したのであった。

フランクはドイツ出身だが、ナチズムを逃れてアメリカへわたってシカゴ大学経済学部で学び、戦後にはラテンアメリカ、特に社会主義政権下のチリの経済運営に一定の役割を果たした。かれによれば、アメリカによる開発援助は援助対象諸国を従属的な、いわゆる「低開発状態」に留め置くので、現地の人びとにとってはむしろ発展の阻害要因になっている。フランクはこれを「低開発の発展」と呼び、後発国にも一様に新自由主義的経済学を推進しようとしたシュルツやフリードマンを厳しく批判した。

第二次世界大戦後、アメリカが主導する国際的自由主義の開発援助は、急激な市場開放と制度改革を要求した。チリをはじめとするラテンアメリカ諸国は激しくこれに反撥し、反対運動も頻発したが、アメリカが支援したともいわれている一九七三年九月一一日のチリでのクーデター以降、急激に新自由主義の方向へと舵を切った。そして一九九〇年前後の「東」側世界の崩壊により、このいわゆる「自由主義化」が世界全体に広がった。

115 代表的論者にはもうひとり、エジプト出身のサミール・アミンがいる。かれもまた、アフリカからの視点を共有しているといえる。

超長期の歴史とグローバルな空間把握

世界システム分析は、先述のようにフランスの歴史学者フェルナン・ブローデルから大きな影響を受けている。ウォーラーステインが、自身が設立した研究センターにブローデルの名を冠したのもその敬意のあらわれといえるだろう。ブローデルの著作は通常、「グローバル・ヒストリー」、つまり歴史学、社会史の分野で扱われるが、その特徴は、きわめて長く複合的な「時間」の持続として歴史をとらえることにある。

数百年におよぶ歴史とは、経済学における景気循環のニコライ・コンドラチェフの五〇年波動をいくつも重ねる長さであり、世界全体をシステムとしてとらえるという「空間」の把握の仕方とともに、きわめてスケールの大きな視点である。ブローデルの分析は、中東やアジア、中国や日本にも目配りされており、ポランニーらが行った比較史、つまり世界各地の市場を比較する手法や、経済を広義にとらえる見方とも共通する部分が多い。

当初、世界システム分析は、従属する「南」側の分析に際してラテンアメリカ、アフリカ、アジアといった区別が十分でなく、とりわけアジアへの目配りが弱いと指摘されていた。フランクの『リオリエント』（一九九八年）はこうした批判を踏まえ、ヨーロッパから見て「東（オリエント）」であるアジア、とりわけ中国の文明が、西洋の資本主義文明に先立って高度に発展、洗練されていたことを明示して、世界システムの「再（リ）―方向づけ（オリエント）」を試みたものである。

フランクは、アダム・スミスの『国富論』を再読したことから、スミスのこの視点を受け継ぐに至ったが、それをさらに継承したのが、アリギの『北京のアダム・スミス』（二〇〇七年）である。アリギもスミスを再読し、欧米型の資本主義の発展径路をアジアの発展径路と比較して、欧米型の資本主義が唯一ではないことを明らかにした。

なおフランクは、オリエント概念を論じるにあたって、エドワード・サイードの『オリエンタリズム』（一九七八年）からも示唆を得ている。サイードは欧米の書き手によるオリエント（東）に関するさまざまな言説を分析し、その言説が実は客観的な事実の報告というよりは、西洋人の断片的な旅行体験や想像、空想から作り上げられたイメージであること、そしてそのイメージが、逆にかれら自身の「西」側の自己意識とのあいだに境界を作り出し、西側のアイデンティティを形成させていることを指摘した。

サイードは中東（パレスチナ）出身で、アメリカに留学、移住して西洋世界で活躍した。サイードが考察した「東」とは、まず何よりも欧米世界にとってのアラブ世界、いわゆる中近東のことであった。一方、フランクはサイードの見方を援用しつつ、むしろ東アジアへと「東」の視野を広げた。世界システム分析は、こうして「南北」のみならず「東西」の軸でアジアを視野におさめることによってグローバル世界の理解を可能にした。

「市場経済」と「資本主義」を分けて考える

市場や資本主義をどうとらえるかについては、ブローデルが一九七〇年代末から一九八〇年代前半にかけて刊行した全三巻の『物質世界・経済・資本主義』[116]が重要である。この著書でブローデルは先の三段階の区分を提示する(図2)。市場経済は競争的、透明で規則性をもっており、

図2

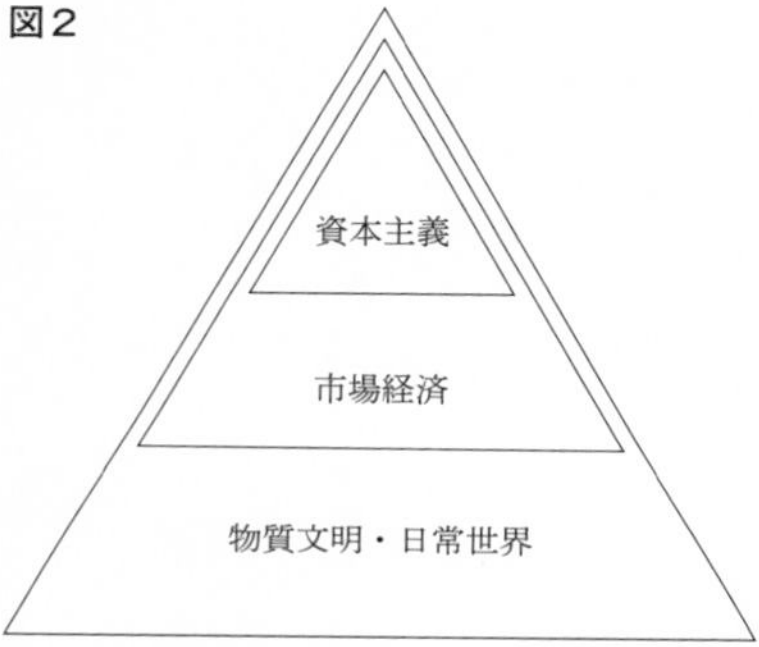

これが経済的生活の中心だが、それは、物質的生活、物質文明の領域という大きな土台に支えられている。また市場経済と重なりながらもそれと異なる位相として、資本主義的活動が市場経済の上位に位置づけられているのである。

たとえば穀物を例にとると、世界には、米、小麦、トウモロコシという三大穀物をそれぞれ糧とする、その地域独自の物質文明が存在し、次にそれを流通させる市場経済があり、さらにはその生産、流通プロセスを集中化させて、利益を生み出していく資本主義の

ダイナミズムがあるという、三つの構造になるのである。

　先述のアリギは、このブローデルの三層構造の中でも、市場経済と資本主義が分岐する位相を強調した。かれによれば特に重要なのは、資本主義と国家権力の結びつきによるヘゲモニー獲得の局面である。市場経済、交換経済自体は、世界各地でかなり古くから、それぞれ局地的に発展していた。しかしそこに国民国家という政治権力のアクターが新たに加わり、軍事力が集結させられることにより、西洋型の資本主義が次第に世界システムの「中心」の地位へとのし上がっていった。アリギが強調するのは、世界における西洋の「ヘゲモニー」獲得のこの局面なのである。

　かくして西洋が世界を支配するようになったわけだが、支配権力を永遠に保持することは不可能であり、時間の経過とともに別の支配権力にとって代わられる定めにある。世界システム分析は、このように長期のヘゲモニー変遷を分析し、現在の、西洋型の資本主義による数百年の支配の歴史の相対化を試みるものである。

「世界のヘゲモニー」とは、主権をもった国民国家から成る国際的なシステムにおい

116　ただしその構想は数十年前にさかのぼると、ブローデルは著作の初めに述べている。

て、同意を得たり強制したりしながらリーダーシップを発揮し、世界を統治する力である。たしかに歴史上、強い国家が諸国家を同意させ、あるいは強制しながら統治を試みてきたという事実がある。だが、アリギらの世界システム分析は、世界のヘゲモニーを分析するに際して、「中心」と「周辺」に位置する諸国に加えて、その中間に位置する「半周辺」諸国という概念を構想したところにその新しさがあった。この「半周辺」諸国がヘゲモニー国と並び、あるいはこれに追随して「周辺」諸国とのあいだに立つことによってシステムへの反撥の緩衝材の役割を果たし、当該ヘゲモニーの安定に貢献するというのがアリギのヘゲモニー理論における新しい視点である。

このようにヘゲモニー国による支配のメカニズムは精緻化されていったのだが、このヘゲモニー概念の起源は実はグラムシにある。帝国主義という概念があまりにも漠然としていると感じたアリギは、それを精査するうちにグラムシのヘゲモニー概念を発見し、それを国際的な政治経済システムの分析に適用したのだった。

ヘゲモニー国と金融市場との関連も重要である。アリギはブローデルやポランニーを参照しながら、ヘゲモニー期には前半と後半があること、つまりヘゲモニー国は当初、実物への投資と貿易とによって世界における支配的な地位を獲得するが、それが頭打ちになると、次には金融市場を支配することによってヘゲモニーの維持をはかるとした。

ブローデルは、この金融支配の局面をやや比喩的、情緒的に、「ヘゲモニーの秋」と呼んだが、アリギはマルクスの図式も援用し、ヘゲモニー前半を「商品―貨幣―商品」のサイクル、後半を「貨幣―商品―貨幣」とした。そしてこのヘゲモニー後半期には、「半周辺」に位置する次期ヘゲモニー国が、次第に実物支配の主体として台頭するとした。また、数百年にわたるこのヘゲモニーの変遷は歴史上、何度か発生しているが、それらには大まかな共通性がみられることも指摘した。

長い二〇世紀

アメリカのヘゲモニー時代であった二〇世紀は、数百年の西洋のヘゲモニー変遷の上に立つものであり、アリギは前史を含めて「長い二〇世紀」と名づけた。アメリカの前には、経済学の生誕期から二〇世紀初頭に至るまで支配的な地位にあった「パクス・ブリタニカ」のイギリスがあった。アメリカはイギリスに並び立ち、やがて追い抜くことで、「パクス・アメリカーナ」を築いたのだ。

アリギは、「パクス・ブリタニカ」、すなわち一九世紀イギリスのヘゲモニーは、世界各地に展開された植民地との取引によって、生産の取引コストを「内部」化させて抑えること、すなわち、資源の入手や決済などに関して、宗主国たる自国に好都合な条件の下で植民地との取引を行い、植民地に赤字の負荷を担わせることによって可能になったと分析した。一方、アメリカは、新興独立国の代表として国際社会に台頭したというその経緯から、イギリスのように帝国主義的な手法をとることができなかった。そこで事業主体がマネジメントによって生産の各段階を次第に垂直統合し、多角経営の企業となることによって取引費用の内部化に成功したと分析した。

このようなアメリカのマネジメントの手法が多国籍企業の発展を支え、アメリカニズムの産業主義を支えていた。ところがベトナム戦争に介入し、次第にそれが泥沼に陥ったことで、このアメリカ・ヘゲモニーの前半局面は危機に直面した。[117] 第二部で検討したアメリカニズムとマネジメント主義は、こうして長期の歴史の文脈のなかに置き直されることになった。

いわゆる新自由主義の時代とは、この定義によればアメリカのヘゲモニーの後半期にあたる。もっともそれは、必ずしもアメリカが主導したものではない、世界的な金融化、民営化の時代でもあった。[118] 一九七〇年代以降、金融市場は規模と勢力を急速に拡大しながら次第に世界を席巻《せっけん》し、経済成長の「数値面」において、すなわち数値をつりあげることを経済発展と同義とみなすことによって、経済発展を牽引した。その結果、人びとが貨幣に示す「根拠なき熱狂[119]」が、バブルの発生と破綻のサイクルを繰り返し生じさせ、人びとの暮らしを不安定にし、貧富の差を拡大させた。

しかし二一世紀に入るや、一〇年足らずのうちに「サブプライム・ローン問題」、「リーマン・ショック」などの経済破綻が次々に生じた。金融危機は全世界に拡大し、大恐慌の再来が語られた。このように、新自由主義の時代には、バブル経済が膨張と崩壊を繰り返して格差が拡大した。それは社会全体の持続可能性からみれば、大いなる逆行の時期である。この局面が限界に達したときが、アメリカのヘゲモニーそのものの終焉《しゅうえん》となる。ということは、わたしたちはもうそろそろ、ヘゲモニーの終末的危機を目にしているのかもし

117　さらにいえば晩年のアリギの関心は、そのようなベトナム・シンドロームの再来としてのイラク戦争に向かっていた。二〇〇一年九月一一日以降のアメリカの分析としても、アリギの晩年の二著作は優れた説明能力をもっていた。

118　なお、世界的な金融化の時代におけるタックスヘイヴン（租税回避地）の発展に、イギリスやフランスなど旧宗主国と植民地の関係が大きな役割を果たしていたという点からも、世界システム分析におけるヘゲモニーの交替だけでは説明できない重要な事実があるといえる。

119　一九九六年末に当時アメリカのFRB（連邦準備制度理事会）議長であったアラン・グリーンスパンが、バブルを牽制するために発した言葉。その後、ロバート・シラーが二〇〇〇年に刊行した著作のタイトルに用いたため、広く知られるところとなった。

れない。

ポスト・コロニアルの視点

アリギが明らかにしたかったのは、アメリカのヘゲモニーは不安定な基盤の上に構築されているのであり、みずからが期待した世界帝国にはなりきれなかったという点である。したがってかれの関心の主軸は、実はヘゲモニーの交替劇にはなかった。もちろん『長い二〇世紀』(一九九四年)に続く『北京のアダム・スミス』(二〇〇七年)は、そのタイトルの「北京」が示唆するように、アメリカの後のヘゲモニー国としての中国の台頭を考察することで、ヘゲモニーの変遷を扱っている。そして実際、二一世紀初頭の一〇年間、中国は経済的にめざましく躍進した。とはいえアリギは中国の台頭に、むしろそれまでとは異なる意味を見出している。つまり、アメリカ・ヘゲモニーまでのいわゆる「西」型の経済発展が限界に達し、異なるタイプの発展へと移行する時期が来たということである。

「西」の資本主義モデルは、ブローデルも明らかにしたとおり、市場経済と同じではなかった。西洋は、軍事力を背景にして資本蓄積を求めるという好戦的な国家の利害関心のもとで資本主義を発展させ、その強制力によって空間的拡張を達成して、非西洋を支配下に置いたのだし、また、一国内の社会階層の観点からみても、資本を所有する階層は強制力、ときには暴力をも行使して分配を行うのであって、その行使はそもそも非市場的である。

アダム・スミスの市場理論にみられるような「自由な」市場経済はむしろ、歴史的に見れば中国などのアジアに存在した。「北京のアダム・スミス」というタイトルは、このことを示している。二〇〇七年当時から、アメリカのヘゲモニーが限界を露呈するいっぽう、中国が勢力を伸長させているという見方があった。もしそれが事実であるとすれば、中国はむしろ、本来もっていた発展形態にとどまる方がよいことになる。ところが実際には中国は、西洋のヘゲモニーがたどった方向性をとりつつある。

「中国人たちは一九九〇年代や二〇〇〇年代に、見習う都市を間違えたのです。どうしたら環境破壊を行わずに豊かになるかを知りたければ、ロサンジェルスではなく、アムステルダムに行くべきなのです。アムステルダムでは誰もが自転車に乗って出かけます。駅には何千もの自転車が駐輪されていますが、それは人々が朝、電車でやってきて自分の自転車で出かけ、晩に戻ってきて、自転車を駅に置いていくからです[120]」。

アリギ自身は、中国が非西洋型の発展を担い、それまでのヘゲモニーと違う平和的な存在感を示すことを期待したが、それは現実とは乖離した期待であった。とはいえ、西洋型の経済発展が、資源獲得や領土拡張など暴力の論理を本性的に内包するものであり、目的を達成するためであれば戦争や征服も厭《いと》わずに国家の利益を追求したことを明らかにしたアリギの功績は大きい。帝国主義という概念ではうまく説明できなかった戦争と資本主義との関係が、アリギによって説得的に説明されることになったのだ。

もっとも、ポスト・コロニアルにおける根本的な視点の転換は、「西」から「東」であると同時に、あるいはそれ以上に、やはり「北」から「南」である。それも地理的な「南」だけではなく、遅れて出発したもの、若き世代、異なる集団などと概念的に括《くく》られる「グローバル・サウス」である。これこそが、世界システム分析におけるもっとも重要な論点であり、本書で経済学をときほぐす際にも、これが理念的支柱となっている。

平和学への派生的展開

さてここで、本章でみてきたことと関連して、次章に移る前に「平和」と「公正」という観点から自由主義的経済学を批判した、ヨハン・ガルトゥング[121]にも簡単に言及しておこう。

経済的自由主義に潜む暴力性を明示したガルトゥングの功績は大きい。第二部でみたとおり、平和とは、そもそも科学や論理を勉強して理解する類のものではなく、もっと当たり前でつつましく、遊びをもふくんで、ゆるやかで優しいもののはずである。

ガルトゥングの思想は通常、経済思想の領域では扱われない。彼が創始した平和学は、国際政治、経済、歴史、心理学、病理学、宗教学や文化、エコロジーなど多岐にわたる領域を知的に渉猟《しょうりょう》した結果、生み出されたものである。また初期の著作は、世界システム分析や帝国主義論に通じる視点ももっていた。

ガルトゥングは、経済開発・発展が破壊と暴力でもありうることを、「構造的暴力」の概念によって明らかにした。それがいかなるイデオロギーにもとづいた「開発」であれ、つまり自由主義や資本主義によるものであれ、社会主義や共産主義の計画経済であ

120　これはアリギが最晩年の二〇〇九年に、デヴィッド・ハーヴェイの長いインタヴューにおいて答えた一節である（『北京のアダム・スミス』中山智香子他訳、作品社、二〇一一年、五七六頁）。

121　オスロ（ノルウェー）生まれ。オスロ大学で数学と社会学の博士学位を取得。一九五九年にオスロ国際平和研究所（PRIO）を創設し、一九六九年まで所長をつとめた。その後、オスロ大学、ベルリン自由大学、プリンストン大学、国際基督教大学などで教鞭をとる。一九六四年には国際平和研究学会を設立した（日本では一九七三年に日本平和学会が設立された）。また世界の様々な地域、宗教における一〇〇〇以上の紛争の解決に向けた仲介役をつとめた。

れ、その点では同様であるということだ。また、通常、自由主義的な国際社会の秩序において「平和」と位置づけられているものが、実は構造的暴力をその裡《うち》に孕んでいるという欺瞞を問い、より積極的で、実質的な平和のあり方も模索した。

ガルトゥングは一九七一年の論考「帝国主義の構造的理論」で、帝国主義とは「中心国が周辺国に対し、両国間に利益不調和が生じるようにその力を行使することができる関係」であると定義して、強者が弱者に自分の都合を押し付けたためにあらわれる結果を、世界システム分析的な枠組みによって提示した。帝国主義は中心国と周辺国とのあいだの三つの関係となって表れる(図3)。第一に、中心国の中心部と、周辺国の中心部との間には、利益調和が存在する。第二に、中心国の内部よりも周辺国の内部により大きな利益不調和が存在する。第三に、中心国の周辺部と、周辺国の周辺部との間には、利益不調和が存在する。

図3

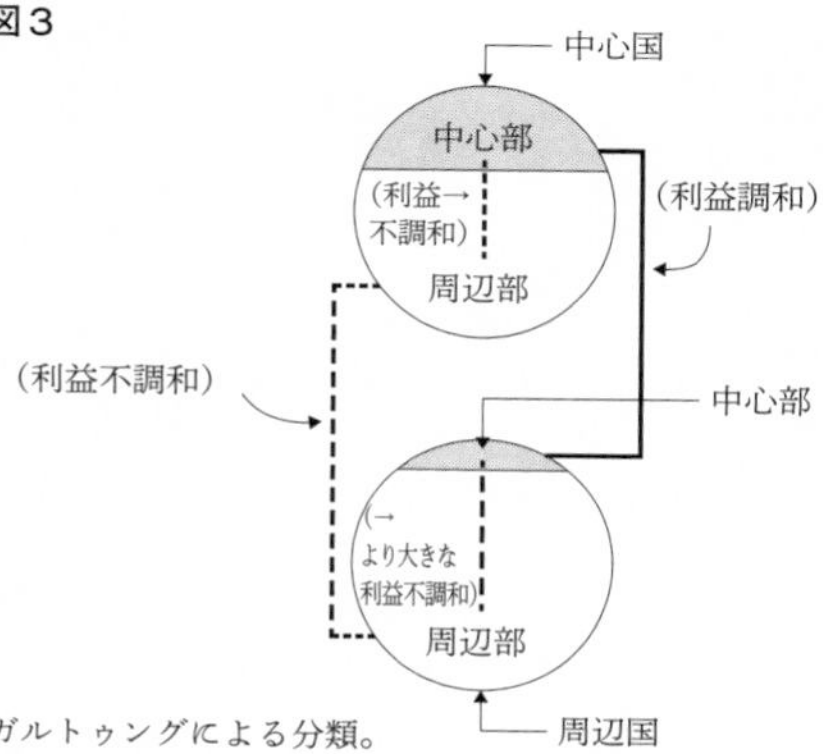

ガルトゥングによる分類。
(Galtung 1971, A Structural Theory of Imperialism)

これは世界システム分析の「中心」、「周辺」の概念とも相通じるものであり、とりわけ、従属関係が周辺諸国の内部において、大きな社会的分断をもたらすことを指摘したことが重要である。中心国においても周辺国においても、社会の上層部の人びとは下層の人びととは異なる利益を追求し、むしろ国外の中心的社会階層と利害を共有している。しかし周辺国では国内の対立は中心国よりも著しい。そして「周辺国の周辺部」、社会の下層部に位置する人びとは、国内にも国外にも連帯すべき人びとを見出しにくいのである。

ガルトゥングは、社会の下層部の人びとのみがもっぱら「不利益」を被り、そのために、本来もっている素質を活かして実現できるはずのことも実現できない状態に留め置かれると指摘した。そしてそのような場合、人びとには、何らかの「暴力」が行使されているととらえた。構造的暴力とは、このときにはたらいている間接的な圧力のことである。流血などの目立った事態はあらわれず、また暴力を行使している主体も、必ずしも明確ではないとしても、明らかに、そこにはネガティヴな圧力がかかっている。またガルトゥングは、このような状況における分配的不利益にも目配りを怠らない。「資源は不平等に配分されている。たとえば所得配分がきわめて平等を欠き、読み書きの能力や教育の分布も偏っており、医療サービスは特定の地域の住民や特定の集団にのみ提供されている。とりわけ資源配分に関する決定権力は、公平に配分されていない。（中略）客観的に避けることとが可能であるにもかかわらず人が飢えている場合、そこには暴力が存在するということである」[122]。

ガルトゥングは暴力という言葉の濫用《らんよう》を避けるために、構造的暴力が存在している状態を「社会的不正義」と呼んでもよいとした。しかし、表面的には平穏で秩序立っている状態であっても「暴力」が行使されている場合があるとしたことは、その状態からの脱却、事態の打開の必要性をより切実に示したといえるだろう。これがガルトゥングの平和学の核心部分である。かれの思想には、自由主義的経済が平等の理念を著しく侵害していることへの憤怒《ふんぬ》の念と警告が、はっきりと示されているのである。

第一〇章 「人間」をとりもどす――「労働」から「人間」へ

本章では、商品という「フィクション」に馴染まない、「人間」について考察する。人間がたんなる労働力でないことは当たり前であるにもかかわらず、多くの人は、働いて稼がなければ「社会人」として一人前ではないと考えている。この自由主義経済的な呪縛を構造的に解こうとしたのがポランニーであり、その仕事はイリイチらによって引き継がれた。

しかしことは単純ではない。第二部をまるまるかけて論じたアメリカニズムのマネジメント主義が、労働力として人間を「人材」化してしまっていたからである。しかもその身振りは、一見、ヒューマンな人間主義の微笑みをたたえている（だから一層コワいのだが）。ここから「人間」を、ただたんに食べて生きていくという日常世界へと取り戻すには、いったん「獣的」な視点にもどって、身体や物質性を根本的に問い直す必要がある。

イリイチの思想——人間と労働の商品化を問う

一九七〇年代以降、テイラー主義とフォーディズムの時代からポスト・フォーディズムと呼ばれる時代へ移行したと言われるのは、サービス産業、情報産業などへの従事者数が増大し、と同時に労働力のエスニック化、女性化とよばれる事態も進行するなど、労働のあり方が多様化したためであった。労働力や人間に対して行使される権力は、重層的で複雑であることが、次第に明らかにされたのである。

122 Galtung, J. 1969, Violence, Peace, and Peace Research,"Journal of Peace Research" 6(3), pp. 167-191.

労働する人間に関して確認したいのは、イヴァン・イリイチの思想である。イリイチはもともと経済学者ではなく、キリスト教の司祭であった。しかし文化や社会を洞察する中でその職を離れ、人間が生きることと労働、自由の問題を深く思索して、現代の産業文明がもたらす問題を鋭く指摘する著作を刊行した。[123] イリイチはポランニーの思想から影響を受けたと明示的に述べているが、おそらく同じぐらい大きな役割を果たしたのは、ミシェル・フーコーの「監獄論」である。フーコーは狂気の歴史に関する研究において、貧民院への監禁によって狂気が病気の一つへと解消され、貧困が単なる経済問題へと変化したプロセスを明らかにした。

西洋の歴史において、宗教的権威から自由主義的政治へと移行した権力は、かならずしも強圧的ではなく、実際にはむしろ人間の生や身体に配慮して、これを良い方向へと矯正していく役割を果たすものであった。フーコーはこの点を重視して、このような権力のあり方を「牧人《ぼくじん》＝司《し》祭型権力《さいがたけんりょく》」、「規律訓練型権力」と名づけた。この権力は、人間がみずからの生や身体を意識し、権力のまなざしを内面化させるときに、もっとも十全に機能するという。司祭としてのキャリアからも、イリイチがフーコーの権力論に関心をもったのは自然な流れであった。

統治者目線の内在化

フーコーが監獄論において、自由主義的な統治の特徴として着目し、また強調したのは、ジェレミー・ベンサムの「一望監視設備（パノプティコン）」の構想であった（二〇八頁図4）。中心部に看守の部屋を置き、いくつかの独房をその周囲に配置して、看守からは独房がみえるが、独房からは看守がみえないようにすると、囚人たちは常時、「みられている」ことを意識するようになる。この構造が存在する限り、看守は見張りの手間を省いて監視を行うことができる。フーコーは、ひとの「主体化」とはこの事例の囚人のように、統治者の目線をみずからに内面化することであるとした。人間は、みずから「主体的

123 一九二六年、ウィーン生まれ。フィレンツェ大学等で結晶学、ヴァチカンのグレゴリアン大学で神学と哲学を学び、ザルツブルク大学で歴史学博士号を取得した後、一九五一年から司祭としてニューヨークで勤務し、一九五六年からはプエルトリコでカトリック大学の副学長をつとめた。一九六一年にはメキシコのクエルナバカにCIDOC（国際文化資料センター）を設立し、所長となった。二〇〇二年にドイツで死去するまで、世界各地で講演などを行いながら執筆した。著書は『脱学校化の社会』（一九七一年）、『脱病院化社会 —— 医療の限界』（一九七五年）などを含めて多くが邦訳され、日本でも広く読まれている。

図4

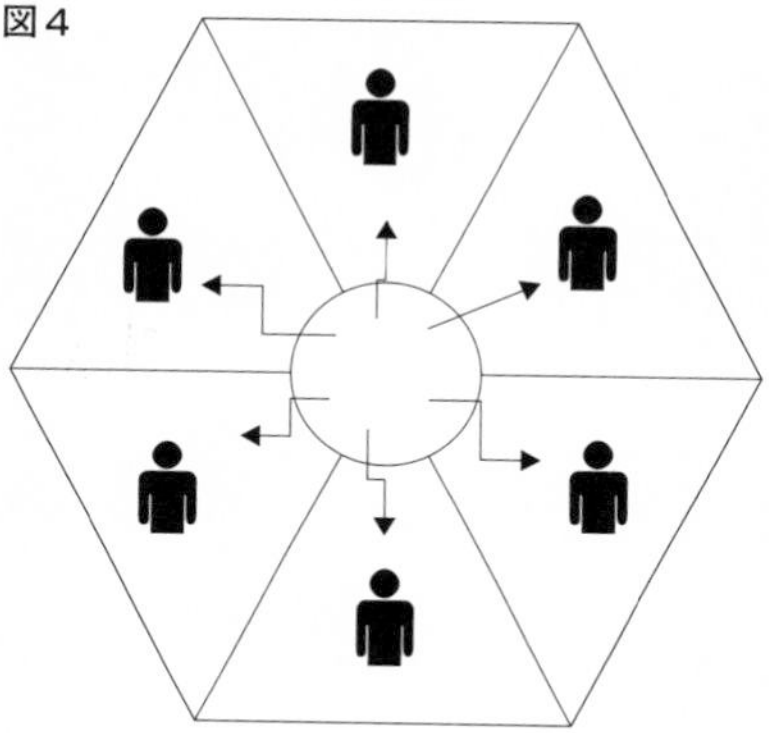

に」行動していると感じているときにこそ、実はもっとも従順になにかに従属しているのである。

　この観点からすれば、もっぱら統治者の目線からのみ自由を考えている自由主義経済学も、まさにパノプティコンと同様の構造の政治性をはらんでいることになるだろう。実際、ベンサムがパノプティコンを構想したのは、マルサスの時代の貧困問題に対処するためであった。救貧院に貧民院（プアハウス）と労役場（ワークハウス）という二つの種類が存在したことからもわかるように、収容には善行と懲罰《ちょうばつ》の二つの意味があった。貧民院が老年や病気、身体上の支障などにより、労働で生活費を稼ぐ能力のない「貧民」に対する善意の施設である一方、労役場は閉鎖的な空間の中で労役を行わせて矯正するという身体刑的、懲罰的な意味をもつ施設だった。また監禁によって、健康な貧民を社会の目からみえなくするという意味もあった。

　イリイチが歴史家としてたどり直した資本主義の発達の歴史は、労働の囲い込みが飢えと賃金を潤滑油として人間の身体を管理していくプロセスであった。人間を生物的、動物的側面からみる見方は、時の経過とともに次第に定着していった。当時の労働者たちはグローバルな市場システムに組み込まれ始めていたが、救貧のセーフティ・ネットは取り払われた。こうして、人間は食べていくために働き、賃金を得なければならないことになった。現在、ほとんど自明と考えられているこの仕組みは、実は大昔からそうであったわけではなかったのだ。この賃金という「自己責任」の仕組みから、働くことができない人間、生産性のない人間を無価値とみる見方までは、まさにほんの一歩である。イリイチが看破《かんぱ》したのは、この「合理的な」統治者目線の冷徹さであった。

内側から萎える生産性

イリイチは、この監獄の考察をさらに一歩推し進め、人間が不満を押し殺して苦痛な労働を耐え忍ぶありさまに、見えない監獄を見出した。ここには「シャドウ・ワーク」というかれ独自の概念が関わっている。また「逆生産性」という考え方も重要になる。

逆生産性とは、労働する身体を携えた人間が生産性を高めるという原則に閉じ込められることによって、次第に気持ちが萎《な》えてゆき、内的にはむしろ生産的でなくなっていくという逆説を概念化したものである。

逆生産性は、経済学の中の福祉を考える部門である厚生経済学が市場の失敗を説明する際の、「外部不経済」の概念とも近しい概念である。経済学において、ある製品の生産の結果として、求めなかったにもかかわらず、副次的、不可避に別のものが生産されてしまうこと全般を「外部経済」と呼ぶ。その中でも、特に不要なもの、有害なものができてしまう場合に、外部不経済と呼ばれる。産業廃棄物やそれに伴う汚染、公害がその典型的な例である。

これに対して「逆生産性」は、商品を手に入れた消費者が、その使用や消費それ自体によって感じる内的な失望、欲求不満のことである。たとえば、ＧＤＰの維持、上昇をめざした徹底的なコスト削減の下での生産が進行すればするほど、その生産物を消費する人びとが逆にみずからを「貧しく」感じてしまうような場合である。イリイチは、「外部不経済」との対比のために、この「逆生産性」を「内部不経済」とも言い換えている。

イリイチがその例として挙げたのは、ブラジルの都市部で生産されるプラスチックのバケツが生じさせた逆生産性であった。プラスチックのバケツは地方のブリキ屋が余った金属で作るブリキのバケツよりも安価で軽いが、ブリキのバケツを売れなくするだけではなく、製造工程で有毒ガスを排出し、外部不経済をもたらすことが知られている。「産業廃棄物を埋葬するための墓地は高くつき、バケツをつくるコストよりも高い」のだ。

したがって、消費者の中でも金銭的な余裕のある、「意識の高い」人びとは、有毒ガスを排出しないバケツを購入する。だが、余裕のない消費者は、やはりプラスチック製を購入するしかない。その結果、安価だが有害なバケツを購入してしまったこと、つまり自身の消費に不満やストレスを感じる。もし有毒ガスのことを知らないとしても、いつも一番安い商品だけしか購入できないという消費行動が買い手にネガティヴな心理的影響をもたらすことは、想像に難《かた》くないだろう。

ここでの深刻な問題は、結果的な社会の分断である。逆生産性は、多種多様な商品が生産され、消費の可能性が大きく広がったゆたかな社会における、新しいタイプの問題である。バケツばかりではなく、食糧や衣料、住居、暮らしのさまざまなものやサービスにおいても同様のことが起こりうる。イリイチは一九七〇年代にこれを「現代的貧困」、「貧困の現代化」と名付けた。現代的貧困とはまさに、不満足しか与えない生産物の生産と、その生産物の消費の強要から生じる「貧しさ」である。

この事態がさらに進行すると、ものの購入や消費によって満足を得ることよりも、消費によってもたらされる不満や損失から身を守ることの方がむしろ大きな特権と意識されるようになる。格差が深刻な社会の分断をもたらすのだ。「新たな『満足』を手にすることよりも、開発〔＝発展〕のもたらす損害から身を守ることのほうが、人々の一番求める特権になった。（中略）今日の下層階級を構成するものは、逆生産性のお荷物一式（中略）を何としても消費しなければならないもの、にほかならないのだ。これと逆に、特権階級とは、逆生産的な装置一式と手前勝手な世話やきを自由におことわりできる人々のことである」。第二部で、よかれと思って農業の工業化、食の工業製品化、大量生産を推し進めたシュルツの盲点はここにある。

さらにイリイチは、「シャドウ・ワーク論」において、労働の世界に目を向けた。現代世界においては、雇用の有無や賃金の高低よりも、むしろその賃労働システムを支えるために生み出されることになる、膨大な無償労働の方に問題があるのであり、まさにこれこそが、膨大な逆生産性を生じさせる源であるとしたのである。

たとえば、人びとは大都市の中心部にある職場に雇用されると、郊外など、遠くにある自宅から職場に行くために、長時間の通勤を強いられる。しかし通勤時間は勤務時間にはカウントされない。また仕事のためには、勤務時間外に自宅など職場以外の場所で準備や段取りを行う必要もしばしば生じるものだが、これも勤務時間としてはカウントされない。このようなカウントされない労働を、従来、経済学に存在していた「影の価格（シャドウ・プライス）」や「闇経済（シャドウ・エコノミー）」をもじって、「影の仕事」、すなわち「シャドウ・ワーク」と名付けたのだ。

この「名付け」によって、人びとは賃労働契約の維持のため、あるいは賃労働を求めて、日々、増大する膨大なシャドウ・ワークをこなしていたことが白日の下に晒《さら》された。イリイチによれば、人びとが、仮に気持ちが萎えそうになったとしても不満を言わないのは、先にフーコーが指摘した「規範の内面化」によって、みずからに主体性があると信じていながら、その実、規範によって内側から支配されているからだったのだ。

自助と共感の減退

イリイチは、シャドウ・ワークを論じた際、「労働者」というカテゴリーではもはや現状を十分に表現できないことを認識した。問題は資本家と対置される労働者、プロレタリアートではなく、むしろ資本家的マネージャーも賃金労働者も非正規労働者も含めた、すべての働き手なのだった。ポスト・フォーディズム期と呼ばれた一九八〇年前後には、労働のあり方がそれまでとは大きく変わりつつあった。多くの人びとの仕事は、もはやテイラー主義の科学的管理法の事例とされた単純肉体労働ではなくなり、事務系、情報系のデスクワークなどの頭脳労働が急激に増加した。各種の労働に従事する働き手は、新しいタイプの労働を強いられるとともに、自助(セルフ・ヘルプ)でのセルフ・ケア、自己管理を強いられるようになっていた。

そもそもシャドウ・ワーク自体が、自己マネジメントの一部分を構成するものである。仕事が終わった後に楽しむ食事やアルコールも、翌日にしっかりと働くための栄養補給であると考えるとすれば、健康管理という自己マネジメントの「仕事」と位置づけられることになる。本人にとっての心地のよい節度ある楽しみや喜びと、労働の再生産のためのシャドウ・ワーク的側面との区別が曖昧になってくるのである。

フーコーやイリイチが考察したとおり、働く人びとがマネジメントを内面化して自助、つまり自分で自分を管理するなら、統治者の仕事は、とてもたやすいものになる。この点は、以後、労働のあり方がさらに変化しても同様であった。人びとが自己を管理するマネジメント意識をもつようになると、雇用者に何かを要求するという「プロレタリアート」としての意識が稀薄になる。イリイチはこの点に自己マネジメントの危うさを感知して、現代の問題はプロレタリアートの問題ではないと論じたのだった。

しかし、一九八〇年代初頭のこの時期に、もうすでにプロレタリアートの問題が「終わった」という論を立てることには、一抹《いちまつ》の危うさも含まれていた。一九七九年にイギリスで政権を掌握したマーガレット・サッチャーによるサッチャリズムに典型的にみられたように、「新自由主義」と呼ばれる思想潮流がプロレタリアート、労働者階級という「階級」を問題として浮上させないように抑圧し、階級意識の解体をもくろみ始めていたからである。

新自由主義は自由主義の新しい型として、誰もがみずからのもてる力を発揮すればゆたかになれると喧伝することによって、階級の概念を消失させようとしていた。マネジメントの意識によってもっぱらみずからのみに関心を向ける人びとは、みずからが労働者であるという意識をあまり心地よく感じなくなっていった（所得においては、いわゆる資本家には匹敵しないとしても、である）。彼らは、階級の用語でいうところの資本家階級の見方をみずからに内面化するいっぽう、それでも現実には労働者階級に所属し続けているという矛盾した存在だったのである。このような見方をする人々が次第に増えてゆくにつれ、新自由主義はグローバル世界の政治経済政策として、広く普及していった。

　もちろん、労働の問題そのものは、まったくなくなってなどはいなかった。イリイチ自身も明らかにしたとおり、格差はむしろ拡大していた。ところが人びとの間にかつて存在していた他者への共感意識、すなわち広義の意味における社会性は、自助、自己責任という圧力のもとで、大幅に減退してしまっていた。当時、増大しつつあった移民らが労働力として流入することで、労働力のエスニック化、女性化が進行したが、こうした異質な、あるいは流動的な労働の担い手たちに対しても、共感や連帯の意識は必ずしも高まらなかった（それでも、こうした労働に関わる問題を、なんとか打開しようとした論者たちが存在したことも見過ごしてはならないが）。

人種・国民・階級

異質な労働力の概念化に取り組んだ論者の一人が、世界システム分析の論者、ウォーラーステインであった。反システム運動として社会主義とナショナリズムを掲げていた世界システム分析にとって、一九八〇年代の世界動向は、モデルの大きな修正を迫るものだった。冷戦的緊張の緩和によって社会主義は対抗軸としての意味を失い、また当時のアメリカやフランスなどにおける移民の増大は、国内のナショナリズムを排他的な外国人嫌いの傾向へと変質させていった。社会主義、ナショナリズムのいずれもが、反システム的理念として、機能しなくなりつつあったのだ。

ウォーラーステインは、一九八五年から八七年までの三年間にわたり、エティエンヌ・バリバールと共同して連続セミナーを行った。バリバールは、労働者階級の分断が資本主義社会の構造的な特徴であると確信していた。そしてウォーラーステインの分析のなかに、さまざまな社会構成体による闘争という観点を見出し、これを世界システム分析の枠組みの中で明示化することを求めた。二人の考え方には個別的な論点については異なる部分もあるが、全般的にはかなり共通しており、主張は明快であった。

連続セミナーのテーマは「人種主義とエスニシティ」、「ネイション（国民）とナショナリズム」、「階級」とされた。[124]当時、両者が関心をいだいた共通の問題が、「人種」、「国民」、「階級」だったからである。ウォーラーステインは、この三つのカテゴリーを別々に分析してはならないとして、「これらは同じ現象をみるための三つの異なったメガネのようなものなのです。（中略）これらを別々に扱うと、プロレタリアートとされる人びとの八割が、人種、国民、階級のいずれのカテゴリーにおいても、実際には下層集団に属しているという事実が見過ごされてしまうのです」とインタヴューで述べている。

ウォーラーステインとバリバールが懸念したのは、労働者階級に位置づけられる人びとの深刻な分断により、階級闘争という理念が資本主義への批判意識をもはや支えられなくなったことだった。特に深刻だったのは、人種主義（レイシズム）と性差別主義の台頭であった。いずれも一見したところ、生物的な差異に依拠したもののようにみえる。しかし問題は、その一見「自明」な生物的差異が、資本主義推進の論理によって活用され、また実際には必ずしも生物学的根拠や実体のない場合にまでも拡大されていたことにあった。

124　これがやがて共著『人種・国民・階級』（原著は一九八八年）の第一部、第二部、第三部として、整理されて論じられる。

そもそもこれらの問題の起点として、途上国でも先進国でも、学校教育の普及が「階級」に近い差異を生み出しているという現実があった。学校教育における能力主義（メリトクラシー）[125]の原理が、エリートを選別することだけでなく、たとえば肉体労働と知的労働の分業、単純労働と指揮・管理を行う労働との分業を正当化する論理としても機能していたのである。フランス革命期に由来するという「才能にもとづく自由競争」の原理は、報酬の分配の不平等を許容させるスローガンに変質した。実際には人びとは、能力主義の原理を必ずしも説得的とは受け止めていないにもかかわらず、である。

競争に勝つ、がんばって勝った者だけを評価するという考え方は、誤りではないが、がんばることのできるスタートラインにすら立てない者を、すでに暗に除外している。能力だけではなく、生まれや育ちといった環境の影響もあるだろう。またがんばっても勝てない者は、次のスタートライン、あるいは別のスタートラインでも、ずっと後ろに下がった位置につかされる。そうしたことが積み重なると、能力の差で報酬の差をつけられることに対して、人びとの心の内に不満が生じる。それがしばしば社会の不安定さを増大させていた。ここに人種主義や性差別主義の台頭する余地が生じたのだった。

ウォーラーステインは、こうした不満を吸収するために労働のエスニック化と対応させた職業上、報酬上の階層化が行われており、ここに「人種」主義の実践がみられると指摘した。それは一定の労働集団になるべく低い賃金を受け入れさせるための論理となった。たとえば黒人は身体的能力が高いから肉体労働に適しているとか、日本にいて日本語の話せない外国人労働者の賃金は低くてもよいとすることなどである。ここでの「人種」は必ずしも生物的特徴をともなうものではないが、あたかもそれがあるかのように分離が行われるのである。

労働のエスニック化はまた同時に、しばしば労働の女性化、性差別主義によって支えられていた。外国からの労働者を支えていたのは、世帯を同じくする女性たちによる膨大なシャドウ・ワークであることが多かった。これらの「人種」主義や性差別主義は、結果的に、資本主義世界システムの安定に寄与していた。ウォーラーステインは、資本主義的世界システムにおける、この人種主義（レイシズム）の構造こそが問題であると考えた。同時にかれは、ひとが遺伝的基準（皮膚の色など）や社会的基準（信仰や宗教、文化的様式、使用言

125 能力主義（メリトクラシー）は競争を肯定するとは限らない。メリト＝メリット、長所が天賦の才能、「努力では何ともならない能力」を意味するとすれば、努力したり競ったりしても仕方がないことになる。またそうした才能をいかに測定できるかという問題も生じる。一方、世界でも日本でもとりわけ教育の分野で、能力主義を、努力の結果として示される到達度を競わせるあり方ととらえてきた。

語など）の異なる社会集団に対していだく軽蔑や恐怖は、この資本主義システムの構造的問題と比較すれば、差別の核心ではないと考えた。

一方バリバールは、上記のウォーラーステインの枠組みを補完して、歴史的にも、また実際に現実をみても、やはり人種主義に軽蔑や恐怖、そして憎悪の心理が付随していることは看過《かんか》されるべきではないと主張した。人種主義は「悪い」ナショナリズムと容易に結びつく。なぜなら国民国家（ネイション・ステイト）は、実際にはエスニックな基盤をもたず、それゆえ、それを「フィクション」として創出して一体感をうちたてようとするからである。また住民たちの運動や批判的態度を管理しようと努める国民国家にとって、ネイション内の差別的、排外的な心理はシステム維持のために「有用」であった。

国民国家は、さまざまな社会構成体を一国内で「周辺化」しつつ包摂することにより、排除と包摂を組み合わせた支配を行ってきた。そこにはさまざまな人種主義と性差別主義が必然的に結び付けられていた。バリバールによれば、当時の新しい「人種」主義の源泉も単一ではなく、進化論的な考え方や人口学、犯罪学、優生学などのさまざまな言説や技術、学問によって多様に形成されていた。

後にウォーラーステインは、労働力の統治の変容を長期の歴史のなかに位置づけることを試みた。そしてこの変容は、「階級」によって保たれてきた資本主義的世界システムの

「危機」であるとした。ターニング・ポイントは一九六八年頃であり、それ以来、資本主義世界システムは危機に陥り続けている。そしてそれは、たんに世界経済のシステムの危機であるばかりではなく、それを支えてきた「西」側世界の支配的文化の節目でもあった。

ここでウォーラーステインは、「ジオカルチャー」という空間的な概念も導入している。西洋世界を支えているジオカルチャーは、自由主義と自然科学を優位に置く文化であったが、その特殊性が明らかになったのも、この危機の時期を境にしてのことであった。ウォーラーステインは、一九九〇年代に自然科学者と人文学者と社会科学者とから成るグルベンキアン委員会を組織して学際的な議論を行い、現代世界を分析するためには社会科学の科学性への妄信をほぐしていく必要があることを強く訴えた。経済学の領域からは、ほとんど関心をもたれなかったが、精密科学を標榜し続けてきた経済学にとって、実は重要な指摘であったといえるだろう。

カルチュラル・スタディーズとの接点

おなじく一九七〇年代から、イギリスにおいてウォーラーステインやバリバールと共通する見方を独自に展開していたのが、スチュアート・ホールであった。ホールはジャマイカ出身だが、イギリスにわたって一九六〇年から『ニュー・レフト・レヴュー』誌の編集を主導し、バーミンガム大学やオープン・ユニヴァーシティで教育や研究に携わった。多くの講演、新聞や雑誌への投稿、寄稿を行い、またホール個人の名前を冠さない共同研究、共同執筆の実績も多いところがシンプルにカッコいい。とりわけ『ポリシング・ザ・クライシス』（一九七八年）、つまり危機を取り締まると題し、異質なものたちをめぐる言説の偏りを分析した編著は、その後のサッチャリズムの時代に通じるイギリス社会の分析として、今なお決定的な位置を占めている。

ホールは、サッチャーの政策のあり方を「サッチャリズム」と命名し、批判的に分析した。当時、サッチャーはイギリスの首相として、金融市場を自由化し、富裕層でなくても労働者でも、うまくやれば賃金以外の所得を得られるようにした。また政府のスリム化、民営化の名の下で公営住宅を私営化し、住民たちを立ち退かせた。立ち退きの際の補償、移転と再居住をめぐって、元の住民たちは分断された。他方でフォークランド（マルビナス）諸島をめぐってアルゼンチンに戦いをしかけ、イギリス国民のあいだに好戦的気分を高揚させた。ホールは、サッチャーがグローバリゼーション、新自由主義の推進によって階級概念を解体していった局面を、リアルタイムにその早い時期から鋭くとらえていた。

たしかに、人種、エスニシティ、そしてネイション（国民）といった人びとの属性をたくみに活用して統治を行うサッチャリズムに抗《あらが》うには、労働者階級という単一の概念では不十分だった。また学問的な場面での言説だけでは、人びとに広く呼び掛けるには不十分である。ホールはこのような考えにもとづいて幅広い活動を行い、「カルチュラル・スタディーズ」という領域を発展させ、「ポスト・コロニアル」というパースペクティヴを確固たるものにしたのである。

ちなみにホールもまた、このような視点を学んだのはグラムシからであり、またグラムシの思想の影響を受けて考えたルイ・アルチュセールとバリバールからであったと述べている。ホールは一九八〇年に「支配に構造化された人種、分節化と社会」、一九八六年に「人種とエスニシティの研究にとってのグラムシの重要性」と題した論考などを刊行し、グラムシからの継承関係を明示した。しかしホールはグラムシを、通常、言われている「マルクス主義者」という位置づけからは切り離した。国家による支配の構造を、階級というカテゴリー（のみ）から分析するのがマルクス主義であるとすれば、グラムシは、これには該当しないからである。

ホールが重視するのはむしろ、グラムシにとっての、一国内での歴史的差異の重要性であった。グラムシは一九三〇年代頃のイタリアの政治的状況において、一つの近代国民国家における南と北のあいだの差異を見出し、これをヨーロッパの東西格差のアナロジーによってとらえた。イタリア南部と北部には、異なる社会構成体、つまり異なる経済的、政治的立場をもち、異なる考え方をもった人びとが暮らしていた。グラムシは、イタリア内におけるこの南北問題を、ちょうどヨーロッパで早くに近代化を進めてデモクラシーが普及したいわゆる「西」側と、遅れて出発して国家の強い「東」側という格差に通じるとしたのである。南部と北部とは、本来的には人びとが居住する場所の符号に過ぎないが、ホールはそこに、たんなる空間的符号以上の対立的な意味を読み取ったのだった。

グラムシが人種主義（レイシズム）という概念を用いることなく分析した問題の中に、ホールは人種主義を分析する手がかりを見出した。ちょうどウォーラーステインとバリバールが、資本主義的世界システムにおける労働分業、異質な労働者の問題を新しい人種主義の概念で考察したように、ホールは重なり合う問題意識を明示して、あらためて「人種」というカテゴリーの重要性を強調した。

人種主義やエスニシティをめぐる差別や外国人嫌悪など、かれらが明らかにした深刻な事態は、二一世紀に入っても収まらず、それどころかむしろいっそう深刻化して続いている。ホールとともにカルチュラル・スタディーズを牽引してきたポール・ギルロイが指摘するように、こうした仕事が必要なくなることこそ、実は目指されるべき最終目標なのである。

第一一章 「おカネ」とはなにか――「レント」および「負債」をめぐる思考

「人間」という存在が、労働だけには還元されないのと同様、「価値」もまた、「おカネ」だけに還元することはできない。だがそう言われても、「でもおカネがないと〜」と気弱な返事がかえってくるのは目に見えている。そこで本章では、「おカネ」について原理的に考えてみよう。あくまでも「おカネ」に関する認識についての話なので、儲《もう》かるハナシではないのだが……。

「価値」は、かつては経済学の心臓部にあったが、科学への信奉と引き換えに捨象されてゆき、代わりに貨幣、つまり「おカネ」が幅を利かせるようになった。

たしかにおカネは多様な価値を体現して社会を駆け巡るものである。とはいえ、すべての価値がおカネの量的大きさに還元できるわけではない。さらにいえば、おカネが通用するのは、その向こうにいる人びとと、信頼関係でつながっているからである。重要なことは、次なる「お支払い」によって誰かと、そして社会とつながることにある。あまりにも多く、あるいは長くおカネを貯めすぎると、いったい何のためだかわからなくなる。「長期で見れば、みんな死ぬ」と、名言メイカーのケインズに言われずともわかるだろう。

レント（地代）概念の復活

人が貨幣を手に入れる典型的なあり方は労働、つまり働くことだが、それがすべてではない。一九八〇年代以降、新自由主義が席巻し、世界的な金融化の潮流は自由の理念と貨幣中心的な価値観によって、さまざまな政治的・経済的影響を与えた。経済学の概念にも思いがけない展開がもたらされた。それまで地代《ちだい》と訳され、産業資本主義の発展とともに消滅すると考えられていたレント（rent）の概念に、あらたな重要性が付されることになったのだ。土地がその典型であるような、元手となる何かを誰かに使わせて、その使用料として一定の金額を得るというやり方が、ここに復活したのである。

ニクソン・ショックから変動相場制へという一連の移行の時期、「外貨」と呼ばれる貨幣もまた、投機のための商品となった。売買によってたえず価値が変動するので、その変動から利ザヤを稼ぐことができるようになったのだ。かくして、各国で金融市場の規制緩和が行われ、新たな金融商品が開発、販売され、人びとは、株式や債券など各種の金融商品を所有して、その配当や売却益によっても所得が得られるようになった。そしてこれが次第に人びとの所得の重要な部分を形成することになった。

この所得が(金融)レントと呼ばれるようになったのは、そのメカニズムが地代と類似していたからである。だが投資という観点からみれば、金融商品はあくまでも金融資本の一部であり、そこから得られる利益は、資本利潤のカテゴリーに入れられる。このように、レントと資本利潤の区分が実は曖昧であることが明らかになり、資本の概念自体も見直しを迫られることになったのだ。

産業資本主義の時代には、レントと利潤との区分の根幹に、レントを不労所得と位置づける労働重視の価値観があった。資本とはあくまでも、誰かの労働を投入するという「生産」を通じてなにかを生み出すものであった。そして、労働する人間に与えられる賃金こそが、当人にとっても社会にとっても特別に重要なものだった。ところがアメリカニズムが世界中に浸透してマネジメントが重要になり、労働のあり方が多様化すると、市場で扱われる商品も、従来の「モノ」だけではなくなり、それにともなって、所得を得る方法も多様化した。

賃金以外にも所得を得る方法があるとすれば、賃金にも、そこまで固執する必要はなくなる。逆にいえば雇用主の側でも、仮に従業員たちが十分な所得を得ることができないとしても、それは本人の賃金以外の資産(資本)運用能力がすぐれていないからだ、で済ませられることになる。こうして賃金と労働は特別なものであるとする見方が、次第に大きく揺らぐことになったのだ。

労働者と賃金概念の凋落

金融化の潮流、中でもとりわけ金融レントへの激しい批判が展開されるようになったのは、これよりもさらに後、すなわち二一世紀に入り、いわゆる新自由主義が一段落し、特に二〇〇八年前後のサブプライム・ローン危機、リーマン・ショックに象徴される世界規模での金融危機、経済不況の時期がきてからのことだった。批判のおもな担い手は、マルクス主義をベースとしてイタリアやフランス語圏で活動する経済学者、クリスチャン・マラッツィやアントニオ・ネグリらであった[126]。

マラッツィは、一九七〇年代危機以降の投機バブルこそがグローバリゼーションの実態であると指摘した。そして論考「金融資本主義の暴力」において、利潤のレント化に焦点をあて、金融化のプロセスの問題は、ものづくりという意味での生産をないがしろにしてしまうことだと警告した。

資本の再投資に用いられないレントは、貨幣がさらなる貨幣を生むように自動化された金融工学によってしか発生しないが、企業も社会もGDPが低いままで停滞するのを防ぐために、次第にこのレントと債務の大量創出に依存せざるを得なくなった。だが金融化への依存は賃金や雇用の安定性を破壊し、年金収入や貯蓄をひどく減少させ、研究・開発に投じられるべき資金も蒸発させてしまう。こうしてレントが社会における集団的利害から離れて自律し、あらゆる規制や管理を逃れてしまう点を、マラッツィは厳しく批判したのだった。[127]

金融化の肥大により、かつては社会の必要に即して公的領域に置かれ、誰でも無料で享受できたサービスを、お金を払って買わなければならなくなった。これが、いわゆる「民営化」の実態である。マラッツィらとともに活動するカルロ・ヴェルチェッローネもま

126　マラッツィ、ネグリらによる二〇〇九年の論考集『金融危機をめぐる10のテーゼ』（原著はイタリア語）には、利潤のレント化を批判する諸論考が並んでいる。なおアリギや、かれと理論的、思想的な協働を進めた経済地理学者デヴィッド・ハーヴェイらも、金融化のプロセスの批判的考察を展開した。アリギの出身地はイタリアであり、一九七〇年代初頭にはネグリらとともに研究や社会運動に携わった。

127　Fumagalli & Mezzadra(ed.) 2010, *Crisis in the Global Economy*, The MIT Press.（英語版）、『金融危機をめぐる10のテーゼ――金融市場・社会闘争・政治的シナリオ』（朝比奈佳尉・長谷川若枝訳、以文社、二〇一〇年、三一頁）。

た、経済学におけるレント、地代の成り立ちを理論的に振り返り、それまで公的、社会的に用いられていたものを私有化する「囲い込み」のプロセスによってレントが形成される段階を、「脱社会化」の段階と位置づけた。

ちなみにここで、ポランニーの『大転換』が参照されている。『大転換』では、本来、商品ではなかった「人間・自然・価値」が、「労働力・土地・貨幣」という商品になったことを指して、これらを「擬制商品」、すなわち「虚構《フィクション》の商品」と定義した。人間は擬制商品となったことにより、本来もっていたはずの社会的な紐帯《ちゅうたい》を失い、脱社会化させられてしまったのだ。

ヴェルチェッローネは、脱社会化が歴史上、当初は土地に対してのみ行われたが、次第に知識や生命など、それ以外のさまざまなものに対しても、さらには公的領域に対しても行われるようになり、レントを増大させながら福祉国家の諸制度の土台を掘り崩したと指摘した。[128] レントは、「未開」の土地などを収奪するだけではなく、資本主義自体のまさに内部へと手を伸ばし、それを侵食していく。「資源」は、レントの増大に見合うほど無尽蔵には存在しないからである。

以上のような金融レントと囲い込みの批判的検討は、むしろそこから逆に括《くく》り出すようにして、コモンと呼ばれる共有の領域、端的には「コモンズ」すなわち「共有地」という概念の重要性をあぶり出した。次の章でも確認するが、この共有地の「地」には、物理的な土地や場所だけではなく、比喩的な「空間」も含まれる。さまざまなものに所有権が設定され、売買の対象となる事態に対抗して、コモン、コモンズが、取り戻すべき理念の象徴と位置づけられることになったのだ。

レントとサステイナブルな経済

レントは、何らかの元手、つまり資本を所有する人が、その所有物の使用料として得るものである。言い方を変えれば、自分が何かをもっている、「所有」していると当事者が意識し、と同時にその価値を他の人びとも認めてくれるなら、これを提供して使用料をとることもできるし、場合によっては売却もできるわけである。

資本とは、もともと決められた固定的なものではなく、「それが元手になると明らかに

128　ただし人間社会は脱社会化に馴染まないため、たとえば福祉制度の維持を求めて反対運動が起こるなどおのずと防衛的な反応があらわれて、対立する二方向の力が拮抗し、次第にシステム自体の基盤を揺るがすようになる。ポランニーが二重運動と位置づけたこの点にも、ヴェルチェッローネは目配りしている（前掲『金融危機をめぐる10のテーゼ』、八二頁）。

なったとき」に資本になるという性質をもっている。かつて一七世紀にイギリスで、外国貿易に供する羊毛生産のために土地の囲い込みが始まった際に、はじめてその土地は、毛織物の生産を通じて利益を獲得するための「資本」となった。囲い込みの担い手は、貿易から得られる利益の可能性に突き動かされ、居住よりも進歩という価値観を社会に普及させていった。ここに、今日までしばしば議論され、土地の富裕化とも定義づけられる「ジェントリフィケーション」の原型がある。

新自由主義の広がった一九八〇年代以降、さまざまな金融商品が開発され、そのことによって一般の人びと、それまで株式や金融市場に関わりのなかった人びとも、広く金融の世界に巻き込まれた。またこの時期には、さまざまなものに権利としての所有権が設定され、その「売買」も可能になった。大気汚染の度合いが少ない国が一定量の「排出権」という権利をもち、これを売買するという近年の「排出権取引」は、そのわかりやすい事例である。

さらに近年の、GAFA（Google/Amazon/Facebook/Apple）と呼ばれる巨大グローバル企業や会員制システム、すなわちプラットフォームやパブリックドメインなど、あたかも新たなコモンの領域を作り出したかのように自らの所有権を設定し、そこに加入する多くの人びとから情報を吸い上げて利益を得ることも、この仕組みの展開形の一つである。

もっともレントという所得のあり方をあえて原理的に考えれば、そこには評価できる部分もなくはない。

レントは、個人の労働による生産性の多寡《たか》を問うことなく、定期的な所得をもたらす。例えば年金のように定期的に手元に入る一定額は、人の心や暮らしを安定させることだろう。[129]ましてや人間は永遠に労働し、賃金を稼げるわけではない。かつてブハーリンは主観価値論を労働しない者の経済学というだけで批判したが、年金や社会保障、つまり一定層の人びとを社会が支えること自体を否定する必要はないのである。

人の一生というタイムスパンでとらえるなら、労働して賃金を得られる期間は、その人の寿命の長さにもよるだろうが、およそ半分ぐらいだろう。[130]その前後の幼少期や就学期や

129 「あてにできる安定した収入を生み出す資本資産を求めるのは、至極自然なことではないか」（ピケティ『21世紀の資本』山形浩生・守岡桜・森本正史訳、みすず書房、二〇一四年、一二〇頁）。

130 従来の平均的な寿命をおおまかに八〇歳ぐらいとするなら、たとえば二二歳から六五歳まで四〇年あまり働くとして、半分である。昨今では人生一〇〇年と位置づけ直す動きもあり、労働できる期間の考え方も徐々に変化している。しかし誰もが死ぬまで賃金労働をしたいとは限らないことは確かだろう。

退職後、あるいは働いている期間でも、過労や心身の不調で働けない、働けなくなることもあるだろう。それは、誰にでも起こりうることである。労働や、労働によって生み出される生産物の大小だけで人間を価値づけることは、非情でありまた不当である。人びとが「社会」を形成し、持続的に共に在るというそのこと自体を元手ととらえ、たとえば一定の年数の後に、あるいは何らかの苦境に陥った場合に、広義の「レント」を得られる仕組みとして社会保障をとらえ直すと、評判の悪い「レント」という概念にも新しい展望がひらけるかもしれない。とはいえ、ここで問い直されるべきはあくまでも、「働かざる者食うべからず」という生産性への偏向であって、どうしてもレント概念が必要というわけではない。

そもそも貨幣とは？　を問い直す

貨幣や金融の問題の重要性を唱えてきたのは、マルクス主義をベースとする経済学者たちだけではなかった。ケインズとその継承者、たとえばハイマン・ミンスキーなども、ケインズの経済思想を手がかりに、金融市場の不安定性を理論的、歴史的に分析した。またレギュラシオン学派[131]の論者らも、ケインズの考え方を取り入れて分析を行った。

フランスのレギュラシオン学派のアンドレ・オルレアンは、ミシェル・アグリエッタとともに『貨幣の暴力』（一九八二年）を著し、金融市場の問題をつきつめていくと貨幣の存在、貨幣の制度と、それがもつ潜在的な暴力性に至ると主張した。貨幣が制度として成立するためには、その貨幣がこれからもずっと価値を保持してゆくだろうという信用が、社会や人びとのあいだに必要である。またそれを支える銀行や中央銀行や政府に信頼を託すことも必要である。

信用や信頼感が失われると、貨幣は価値を失い、社会に溜まった不信感が社会や経済の秩序を暴力的に破壊する。アグリエッタとオルレアンは、このことを明らかにした。かれらは金融レントをそれとして取り上げたわけではなかったが、レントが資本利潤の側面において暴走することを明らかにした。その副題は、「金融危機のレギュラシオン〔調整〕・アプローチ」であったが、それはむしろ、貨幣による調整が不可能になる局面としての経

131 ただしかれらは、必ずしも統一的な理論体系や価値観をもっていなかった。全般的にみて、二〇世紀後半には、前半までのように学派で思想潮流を位置づけることは難しくなってきた。ただし日本では一九七〇年代から八〇年代にかけて、フランスからの潮流であるレギュラシオン（調整）理論が、積極的に受容され紹介された。フォーディズムと異なる資本労働関係として日本のトヨタ自動車のトヨティズムが分析されたことは、一つの要因であったかもしれない。

済危機の分析であった。[132]

かれらはその分析に際して、人間社会における暴力の根本を考えるために、経済学の理論的、歴史的フレームだけではなく、人類学や社会学の概念装置や文学、哲学などの人文知、たとえばルネ・ジラールの模倣や供犠《くぎ》の概念なども援用した。このため経済学の立場からは、きわめて特異なアプローチと受けとめられた。一九世紀の方法論争以来、「精密科学」となるために政治や政策、歴史すらも学問体系の外部とした経済学が、文学や古代史の分野に関わる概念を用いて議論することなど期待すべくもなかったのだ。

しかし実は、これは貨幣の本質的な点だった。もちろん貨幣は市場取引を媒介するものであり、市場には欠かせない存在である。また交換されることにのみ価値があるという意味において、きわめて純粋な商品である。しかし貨幣は国家や中央銀行など、特定の権力機関によって独占的に発行される時代が長く、他の商品のように自由には供給されない。したがって、自由主義の市場概念における想定とは異なって、権力機関の行使する権力、広い意味での政治と無関係ではありえない。さらにいえば、貨幣の制度はもちろん、近代国民国家や経済学が誕生するより、はるか昔から存在した。

アグリエッタとオルレアンはその後、ヨーロッパが地域統合を進めていく過程において、国境を超えた共通貨幣の構想に関する共同研究を行った。ユーロの構想である。

共同研究は歴史学者、人類学者らとともに学際的に進められ、貨幣が原初的には共同体における生の負債、つまり人間が本人の意志に関わりなく「生まれ」て(be born は受け身)育てられるという「負い目」(I owe you、つまり「あなたのおかげです」ということ)を強調する考え方や宗教と結びついていたこと、また国家による貨幣の正当性の付与は、ある歴史的段階になって初めて現れてきたことなどを明らかにした。アグリエッタとオルレアンは、貨幣は経済の実体というより、むしろ非経済的な別の領域によって作り上げられたものであるとした上で、とはいえ、その存在によって経済的な領域を思考可能にするものであると位置づけたのだった。

支払い手段としての貨幣

なお、アグリエッタとオルレアンの共同研究とは異なる文脈から、同様に広義の貨幣の考察に着手したのが人類学者のデヴィッド・グレーバーである。グレーバーは貨幣と

132 それはちょうど、世界大恐慌から五〇年が経過したタイミングで、アメリカで大恐慌を分析する雑誌の特集が組まれたことなどとも呼応していた。

は、そもそも商品や「もの」ではなく、社会における人と人をつなぐ「関係」であるとした。実際、貨幣はその存在に、取引者相互の信用、取引を行いうる全体という一定の広がりをもった共同体への信頼、そして共同体内の取引を取り次ぎ、取りまとめるための権威を与える機関や組織への信託を、その前提として含んでいる。

グレーバーは以上を確認した上で、貨幣を渡す者と受け取る者の間に債権・債務関係が生じ、その債務は、貨幣によって数量的な大きさを確定されることを強調した。アグリエッタとオルレアンが貨幣の歴史をたどり、原初的な生の負債や宗教的な起源を強調したのに対し、グレーバーはむしろ宗教的色合いを薄めて、貨幣が計算単位という数量的なものである点を強調し、昔も今も借用証書であると定義づけたのであった。

その際にグレーバーは、ポランニーらが組織した経済人類学のプロジェクトの成果や、人類学における古代の膨大な史料などを参照した。またケインズと、その同時代の研究者、ミッチェル・イネスの考え方も明示的にとりいれた。ミッチェル・イネスは英語圏で表券主義的な貨幣論、つまり貨幣の価値はその金属自体としての使用価値とは異なるとする立場を、早い時期に示した論者である。

グレーバーの意図は、貨幣と債務のメカニズムを歴史学的、人類学的な事実に基づいて示し、市場分析を中心とする自由主義経済学の貨幣観をくつがえすことにあった。自由主義の貨幣観は、市場での物々交換を効率的にするために、貨幣が用いられるようになったという話を貨幣の起源とし、つきつめれば、貨幣には一時的媒介物以上の意味はないとする「貨幣ヴェール観」に基づいている。第四章でミーゼスに即して述べたように、貨幣の起源についての歴史的記録は存在しないにもかかわらず、経済学者らの多くはこの物語を漠然と共有し、貨幣ヴェール観を信じている。あるいは貨幣がヴェール(覆い)であってほしい、つまり貨幣が独自の存在感を示して暴走したりしないでほしいという願望をもっているのかもしれない。このためかグレーバーの負債論は、経済理論の内部にはあまりインパクトを与えていないようである。

ところが、この状況を一変させるかもしれないと思わせるのが、近年国内外で賛否を含めて大いに議論されるようになったMMT(モダン・マネタリー・セオリー、つまり現代貨幣理論)である。これは国家と貨幣、財政の関わりを明示した政策的主張を行うもので、国家が何を貨幣とするかを決定し発行し、徴税によって回収するまでのプロセスを、表券主義の核心ととらえている。

MMTは巷では「国家がどれだけ債務、つまり借金を増やしても大丈夫」というトンデモ理論のように語られているようだが、さすがに実際には各国の事情を踏まえるべきなど、さまざまな条件をつけている。しかしこの点も含めて、よくも悪くも一国一貨幣の制度的枠組みを保持し、強い国家をよしとする理論ではある。世界各国で公的債務の増大が著しい規模となり、問題として取り上げられることも多い現状では、このように貨幣そのものを債務としてとらえる視点が注目されるのは自然である。

とはいえ、貨幣を債務ととらえることは、必ずしも強い国家をよしとすることや、一国一貨幣以外の制度を排除することと同じではない。むしろ貨幣が社会関係を体現していること、つまりひとが否応なく誰かに何かを負うこと、贈与も含めて誰かから何かを得たり反対に誰かに何かを惜しみなく与えたりしながら、社会との関わりを必要とすること、社会を動かしていくための道具であり制度であると示すことが、債務という概念の重要かつ興味深いところである。経済学に価値論が取り戻されるには、価値の擬制商品たる貨幣や、これと深く関わる債務のとらえ方が大きな意味をもつことは間違いない。

長期的趨勢におけるレント

レント批判は、新自由主義の時代の金融化に対する理論的な批判であり、時代に抗って労働者たちの連帯を取り戻そうとしていた社会運動の担い手たちの理論的なバックボーンとなった。一方、二〇〇八年の金融危機を経て新自由主義の限界があらわれ始めた後に世界で広く読まれることになったピケティの『21世紀の資本』における議論は、先に述べた肯定的な側面からレントを考える手がかりを与えている。

ピケティは、本書でたどってきた一八七〇年頃からの産業資本主義の時代、そして二〇世紀に入ってからの、大恐慌をそのあいだにはさんだ二度の世界戦争という激動と経済成長の時代が、長期的な趨勢に照らせば、きわめて例外的な時代であったことを明らかにした。戦争や大恐慌によって資産の相続が難しくなり、一代ごとに仕切り直しが行われたためである。人びとは労働によって稼ぎ、ある程度の貯蓄を行い、社会的地位を獲得してゆたかな暮らしをできると信じた。また実際にそれは可能であった。ところがそうした状況は、一九七〇年代頃を境に限界を迎えた。レントの批判者たちが産業資本主義の賃金重視の立場から指摘した資本のレント化は、ピケティによれば、例外の時期を脱して長期的な趨勢へと回帰する局面における現象であった。

かれはこのことを示すために、膨大な歴史的データを駆使した。このために、クズネッツの手法、とりわけ一九一三年から一九四八年の所得格差に関する研究を踏襲しつつ、それを時間的、空間的に拡張した。その際には世界トップ所得データベースや、申告所得への課税記録のデータを用いたが、データをそのまま用いるのではなく、別の種類の諸データ、すなわち相続税に関するデータ、相続した富や貯蓄が財産全体に占める割合や重要性の変化のデータ、さらに国富のデータによって補足した。国富のデータとは、土地やその他の不動産、工業資本や金融資本などの総ストックを、超長期にわたって計測するためのものである。

ピケティはこのような実証的な分析と考察とを通じて、所得が二つの部分から成ること、一つは労働からの所得、より厳密には「賃金、給与、ボーナス、非賃金労働からの稼ぎ、その他労働関連として法律で規定されている報酬」であり、もう一つは資本からの所得、すなわち「賃料、配当、利子、利潤、キャピタル・ゲイン、ロイヤルティといった、土地不動産や金融商品、産業設備など、やはり厳密な法的分類にかかわらず単に資本を持っていることで得られる所得」であることを明示した。そして労働からの所得が、資本からの所得を決して上回り続けられないことを実証的に示した。

ピケティは、資本からの所得をすべて、広義の「レント（賃料）」と位置づけている。「資産が産み出すレントとは、資本所得以外の何物でもなく、賃貸料、利子、配当、利潤、使用料、その他のいかなる収入の法的範疇であろうと、所得が労働とは関係のない資産の所有権に対する報酬であればこれにあたる」。これは、厳密な法的分類や経済学上の論争をひとまず措いて、労働だけは別のカテゴリーであること、労働力の源である人間は資本ではないことを示すためであった。また所得税のデータを相続税や貯蓄による富の変化のデータで補わざるをえないとしたことで、労働によらない所得の重要性を明示した。少し踏み込んでいえば、労働しない、労働できない局面での所得を、生産性という偏見なしに扱ったといってもよいだろう。

とはいえ、レントの重要性がより大きいという趨勢をただ肯定したわけではなかった。むしろそのことを警告し、そこへの課税を国際的、グローバルなレベルで実現することの必要性を訴えた。租税のシステムの基本はもちろん一国レベルだが、一国レベルで規制を試みても、富は他国へ流出して徴税を逃れるだけである。ピケティが分析を進めていた時期、タックス・ヘイヴンの取り締まりはOECD（経済協力開発機構）すなわち欧米の組織によって強力に進められ始めていた。かれの分析は、それまで一国レベルで考えられていた「平等・公正」の理念の実現を、国際的、あるいはグローバルなレベルで構想するための実証的な基礎データによる分析の試みである。

第一二章 「土地」とはなにか——そして「誰かとともに食べて生きること」

労働に還元しきれない「人間」、貨幣に還元しきれない「価値」とならんで、「土地」という、区画を区切り価格をつけて販売される商品には還元しきれない「自然」と「環境」が、ポランニーの考えた三つ目の擬制商品である。

厳密にいえば陸地だけでなく、海や川、空についても考えなければならないが、おもに経済学が考察してきたのは陸地だった。陸・海・空の総称である「自然」は、経済学はもちろんのこと、人間社会のみならず生き物の領域も超えるはるかに大きなものとして、わたしたちを包んでいる。これまでの諸章でみてきたとおり、ポランニーだけでなく、そもそも経済学は、囲い込みと市場化のプロセスに取り組んだことからコモンズの概念に至り、結果的に陸地だけではなく、海や河川にも目を向けることになったのだった。

コモンズの概念は、「土地」を媒介として、人間が自然を手なずけようとしてきた営みを明らかにする。自身も自然の一部でありながら、そこから四苦八苦して「脱出」し、独自の領域を形成してきた人間の経済の意味を、最終章である本章で考えてみよう。

所有権の位置

社会主義思想の根本原理には私的所有の廃棄があったことを、ここであらためて思い返しておこう。社会主義によれば、イギリスにおける市場経済、あるいは資本主義の始まりとされる「囲い込み」、つまり外国との貿易に向けて特定の場所から住民を追い出し、市場向け商品の生産を始めたことが私的所有の起源であり、ここに、問題の根源が見出される。

社会主義の理念によれば、「土地」や「自然」とは本来、小さな区画に区切られずに人間を取り囲んでいるものであった。人間はそこから得られる恵みを享受しつつ、ともに働き、ともに暮らす。さらにいえば、空間は居場所であり、個々人の働きの多寡《たか》にかかわらず、人びとの共同的な暮らしを支える基盤であった。それを囲い込みによって一定の大きさに切り取って所有権を付し、売買のできる商品としたことが資本主義的な「倒錯」の始まりだったということである。

コモンズ（共有地）とは、もともとこのような理念を含む概念であった。大地を耕して作物を植え、成果を収穫する農耕生活から、自然を切り崩して街を作り、ものをつくる産業時代、そして貨幣の流通が潤滑油以上の役割を果たす金融化時代へと時代が変わっても、理念の根本は変わらない。しかし囲い込みの時代以降、囲い込んだ土地や自然は生産のための「資源」、原料ととらえられるようになった。[133] かつて経済学における価値理念であった「自由」か、それとも「公正・平等」かという選択は、資源配分の制度として、市場の調整を選ぶか国家による計画を選ぶかの選択であったが、その根底には、その自然や土地がほんとうは誰のものなのかという所有への問いが潜んでいた。

二〇世紀のなかば過ぎから、第一〇章で触れた「外部不経済」、つまり生産にともなって意図せざる生産物を副次的に生産してしまうことが次第に明らかになるうちに、責任の所在を明確にするためにも、所有の問題が問われるようになってきた。そもそも生産とは、無から有を生じさせることではなく、この世界の中にすでに存在するものの形を改変したり、何かとそれを結合させたりすることである。ものの改変、結合が原材料の「消費」であるという意味において、生産と消費とは、そもそもひとつのことがらの表と裏なのである。

それゆえその過程で生み出されるものを、「主要」生産物か「副次的」生産物かに区別することは作り手の意図しだいであり、実は表面的なことにすぎない。どこにまで所有権や使用権が広がっているのか、言い方を換えれば、どこにまで生産の責任が及ぶのかを問うことには、根本的な難しさがつきまとっているのである。

たとえば生産＝消費活動には、投入しようとする原材料だけではなく、大気なども分離できずに同時に投入されている。生産活動は現実において、所有権のあるものとないものをあわせて使用せざるをえないことがしばしばである。言い方を換えるなら、環境から切り離された場所で生産を行うことなどはできないのだ。ここから「経済」という領域の外延を拡大して考え、経済活動をエネルギー法則から根本的にとらえ返そうとする試みが、一九七〇年代前後にあらわれてきた。[134] これらの試みは金融化の時代にひとたび下火となったが、昨今のサステイナビリティ研究、つまり人間の社会と経済の持続可能性が問われるようになった潮流の中でようやく見直され始めている。

「コモンズの悲劇」の古典的枠組み

現代の欧米のコモンズ論の端緒は、ギャレット・ハーディンの論考「コモンズの悲劇」（一九六八年）にあるとされる。ハーディンは生物学者であったが、一九世紀のマルサス、ダーウィンの時代の救貧法、人口抑制策についての論考に依拠しつつ、[135]私的所有を考

133 もっとも晩年のイリイチが行ったように、コモンズが資源となること自体を批判する場合もある。「コモンズは、共同体が所有する資源でもありません。コモンズが資源となるのは、領主や共同体がそれを囲い込むときだけです。囲い込みによって、コモンズは、商品の抽出、生産、流通のための資源へと変身してしまうのです」（イリイチ『生きる思想 —— 反＝教育／技術／生命』桜井直文監訳、藤原書店、一九九一年／新版一九九九年、九一頁）。これはコモンズを、人びとが家から出て他者と出会う場と位置づけた考え方で、経済学的なコモンズの定義とは異なるが、示唆に富む。

134 シュンペーターを継承したニコラス・ジョージェスク＝レーゲンの体系や、また玉野井芳郎が最終的に到達した生命系のエコノミーの体系がある。かれらは熱力学のエントロピー概念を、経済学の体系に導入することを試みた。

えた。たとえば、共有の牧草地における家畜の飼い主の合理的行動は、なるべく多くの自分の家畜を放牧のためにそこに入れることである。そうすると、誰でも入ることのできる共有地においては、共有資源はやがて枯渇する、そう警告したのだった。これが「コモンズの悲劇」であり、ここからハーディンは、共有ではなく私的所有の方がよいと結論したとしばしばまとめられている。

実際にはハーディンは、たとえば共有のままでも、立ち入りの権利を何らかの基準で割り当てるなど、いくつかの解決法のオプションがあると考えていた。強調点はむしろ、コモンズが成立するのは一定限度内の人口密度の場合だけであり、人口増加のもとではコモンズは次第に消滅するということであった。そもそもハーディンにとってコモンズの悲劇とは、人口が増加してコモンズが消滅するという問題であった。マルサスの生存競争と貧困の問題が、一〇〇年遅れでコモンズの概念によって、再度取り上げられたわけである。

ハーディンの論考をきっかけとして、欧米では一九八〇年代なかば頃から、コモンズに関連する諸研究が増大した。こうした動向を共有してきたエリノア・オストロムは、二〇〇七年、同僚とともにコモンズ研究の国際学術誌を創刊し、おもにアメリカのコモンズ研究をめぐる歴史的な経緯を整理した。オストロム自身も早い時期から、ゲーム理論の枠組みを用いて「コモンズの悲劇」が起きないあり方を研究していた。[136] ハーディンとオストロムの研究は、コモンズに関する基本的な対立として世に受けとめられた。

しかしオストロムの貢献として注目されるのは、実はコモンズの概念から共有資源(Common-Pool Resources、略してCPR)の概念へと、テーマを明確化したことであった。オストロムは理論的分析だけでなく、フィールドワークの成果を活かした実証的研究も提示した。彼女の定義する共有資源とは、より正確に言えば、共同で貯めている(プールしている)資源であり、具体的には河川や湖、海などの水資源、あるいは森林や牧草地などの植物資源、魚介類という漁業資源などを指す。[137] 鉱物資源や石油、天然ガスなど、地下に埋蔵されている資源も含めることができるだろう。

そもそも何が資源(リソース)であるのかは、あらかじめ定まっているわけではない。人間社会が有用性を見出し、活用することで、当該の物質は資源になるのである。コモン

135　Hardin, G. 1968, The Tragedy of the Commons, "*Science(New Series)*" 162 (3859), pp. 1243-1248. ハーディンがここで依拠しているのは、William Forster Lloyd, *Two Lectures on the Checks to Population* (1833)、すなわちマルサスによる二つの人口抑制策を論じた当時のパンフレット的小稿である。

136　二年後の二〇〇九年にオストロムは、その研究業績によってノーベル経済学賞を受賞している。女性の経済学賞受賞はこれが初めてであった。

ズが原則的に物理的、あるいは非物理的な「場」の、つまり空間的な概念であるのに対して、CPRは資源、つまり人間や社会に役立ち、いってみれば、それを元手として、そこから「レント」を得ることのできる資本である。

ここには、レントへの批判的なトーンはない。オストロムは成功事例、失敗事例を分析し、いかなるモニタリングや調整によれば、各人のCPRへのアクセスの権利を保障しつつ、資源を枯渇させずにレントを継続的に得られるのかを具体的に考察した。ここに、個々人の労働を媒介とせずにレントの分配を考える、潜在的な可能性をみることができる。

新自由主義と所有権

ハーディン、オストロムによるコモンズ論は、コモンズや共有資源を巡る問いが、持続的な利用のために所有と使用の権利を確定する問題であることを明らかにした。かつて資本主義か社会主義かの選択肢、つまり国民国家全体の経済体制として問われた選択肢は、もっとずっと小さな運営単位での問いへと細分化されたのである。

一九八〇年代以降の新自由主義の潮流下で、民営化、つまり国家が所有し政府が運営していたさまざまな事業組織を外注し、国家のスリム化をはかる方向性が強力に推進された。「官から民へ」のスローガンには、かつての自由主義者ミーゼスの主張と同様の論理が繰り返されている。つまり非営利ゆえに見過ごされていた無駄を省き、自由な企業家精神を発揮させて利を上げる、ということである。

もちろん、まさに当時の論争でもそれが問題になっていたことからも明らかなように、人間の基本的必要を満たすためには、とくに人間の生命に関わる領域、ある一定のものやサービスについては、すべてのひとが享受できるような「公・共（協）」的な仕組みが必要である。それは「市場の失敗」の概念が示す通り、公共経済学という経済学の一分野の出発点でもあった。ところが新自由主義は、従来そうされてきた領域にも、民間の論理が適用できると主張した。

その一例がロナルド・コースの考え方であり、かれは従来、公共財とされてきたものの

137　二〇一八年の漁業法改正によって注目された日本の漁業権については、誤解も多いといわれている。漁業権とは実際には、海岸からおよそ一〇〇〇メートルの沖までの範囲に限定されて設定されるもので、その種類は採貝採藻の共同漁業権、養殖の区画漁業権、定置漁業の定置漁業権だけだが、その権利保持者の同意によって実行できる公有水面埋立法が問題であるという（浜本幸生監修・著『海の「守り人」論——徹底検証・漁業権と地先権』まな出版企画、一九九六年、一五〜一六頁）。

調達や生産においても、民間企業にゆだねることが可能であるとした。

たとえば、港を照らす灯台は、従来は政府が供給すべきとされてきたが、実際には民間企業が建設、運営し、入港船舶から料金を徴収していることのほうが多い。もちろん料金を支払わない船や人でも、灯台からの光は享受でき、光の強さは受け取る人数が増えても変わらない。だが、光を使用する権利を、あえて部分的な所有権ととらえ直すこともできるとしたのである。灯台のインフラの維持・管理のマネジメントを改善するためには、民間企業にゆだねることも可能である。コースが示したのは、このような見方であった。

とはいえ、細分化された所有権は、それまで無料であるがゆえに意識されず、いわば当たり前に暮らしの中にあった何かを、所有者の付加された状態へと変化させてしまう。そして価格をつけて購入の対象とすることで、もとの暮らしの一部を奪い、これを新たに購入できる人にとってもそうでない人にとっても、心を荒廃させるリスクをもたらす。先の例でいえば、灯台の光を受け取れる場所に住む人々から料金を徴収するとなったら、貧しい人々は驚き、変更を不当と感じながらもそこを立ちのかざるをえなくなるだろう。土地利用など、コモンズの利用の変容が「ジェントリフィケーション」、つまり一定の人びとに富裕化をもたらしながら、その陰で別の人びとに退去、貧窮化を強いたことは、所有権の細分化を考える際にも十分に意識される必要がある。

社会的費用のとらえ方

二〇世紀の前半に社会主義経済計算論争が起こった際、ポランニーが社会的費用という概念を考えていたことには、第一部ですでに触れた。それは中央当局が計画内で算定する費用とは別に、個々の集団で議論し、何をどこまで組み込むかを画定し、支出していく費用であった。ポランニーはこれを社会主義経済のヴィジョンとして示したが、市場調整でうまくいかない公共的分野についてのみ、限定的に考えることも可能である。

社会的費用の概念は、一九六〇年代頃から、特に外部不経済の現実、つまり望まなかった負の副次的な生産物ができてしまった場合に、その責任をどう考えるべきか、その生産物の処理の主体、担い手は誰であるのかを問いかけるものとして考察されるようになってきた。副次的な負の生産物は、個々人の所有する領域を超え、環境という公共空間に広がって問題を拡散する場合が多いからである。

コースは、問題の処理にかかるコストを社会的費用ととらえ、これを企業がどのように算定するかを考えた。コースによれば、法的紛争は、司法や行政だけではなく、当事者間の交渉、契約によっても解決できる。たとえば騒音が問題になった場合、騒音を出しているという現状を「騒音権」という所有権の取引問題として、売買契約を設定するといったことである。現実味のない解決法に見えるかもしれないが、実際に行われている二酸化炭素の排出権取引などは、この考え方にもとづいている。契約に至らない場合には、企業が取引費用として利潤・損益の内部計算に含める。これが社会的費用の概念である。取引費用は企業内部で調整される費用であり、市場契約における価格には直接には反映されない。つまりコースの「社会費用」とは、企業が内々にカネの力で社会問題を処理する際のコストであると定義されたわけである。

一方、カール・ウィリアム・カップ[138]は、コースとは逆に、処理の費用（コスト）がいくらかではなく、国家や自治体が政策や対策を行わないことによる犠牲（コスト）に基づいて、社会的費用の算定を考えることを提示した。犠牲を被る当事者の人びとの側に寄り添い、何をどこまで費用とするかを考えるというスタンスをとったのだ。

例えば、水俣病《みなまたびょう》で考えてみよう[139]。病気の症状が発見されているにもかかわらず、当時の政府が経済成長を重んじたために、国家による認定に長い時間がかかり、当初は社会全体も病気の存在を認めない方向で進んだ。当該の企業は、病気の原因となる排水を流し続け、結果的に多くの人々が追加的に水俣病を患《わずら》った。こうした犠牲（コスト）がカップのいう社会的費用の一例である。

一九七〇年代半ばには、カップのこのような社会的費用の概念を援用し、宇《う》沢《ざわ》弘文《ひろふみ》が

『自動車の社会的費用』（一九七四年）を世に問うた。これは宇沢が東京の街を歩いていた際、猛スピードで走る自動車やトラックの風圧にショックを受けて執筆したものであったという。かれはアメリカでフリードマンらとともに、自由主義、市場分析的な理論経済学のモデル構築に従事していたが、同僚たちの社会的意識の低さに幻滅して帰国したのだった。

宇沢は、アメリカの自動車産業、特にフォードが果たした役割を踏まえ、日本の自動車産業や道路事業費の推移、GDPに占める割合などから、日本経済に占めるウエイトの大きさを示した。また国家や公的機関が、コスト・ベネフィット（費用便益）分析に基づき、多少の犠牲を払ってでもインフラの開発、整備を実現したことを指摘した。これらをもとに、道路建設、混雑、交通事故、排気ガス、騒音など、自動車の出現にともなって社会に課された「費用（コスト）」を、社会的費用として計算を試みた。

138　カップは博士論文『計画経済と外国貿易』（一九三六年）において、社会主義経済計算論争を扱った。ちょうどハイエクが社会主義経済計算論争の諸論考を整理した頃である。

139　水俣病と名づけられる症状が認知され始めた当時の日本政府は、実際には、当該の企業が損害賠償を行えるように財政援助し、政府として援助可能な額だけをコストとして確定した。

もちろん、交通事故で人が負傷したり亡くなったりした場合の悲しみや苦痛は何にも代えがたく、膨大かつ不可逆的で、とうてい計算にはなじまない。宇沢はそうした限界にも触れつつ、あえて数値を示したのである。宇沢はこれによって自動車の存在にともなう社会的費用を、経済活動や経済学の外部として位置づけるのではなく、GDPを軸とする経済活動の内部、かつ経済学の内部で扱うべきであることを示したのだった。

社会的共通資本の可能性

土地や「場」としてのコモンズをめぐる個人の立ち位置は、どのようなものだろうか。カップの社会的費用では、犠牲の補償が国家に求められていた。たしかに個人が国家レベルでの利益を全体利益、公共の利益として許容し、その代わりに公的サービス、あるいは補償金などの見返りを求めるという租税国家、予算国家のあり方は、自由主義経済のもとでも計画経済体制の下でもありうる基本的な枠組みである。しかし個人が公正・平等の理念を求める先は、実際には必ずしも国家か市場かの二者択一ではないはずだ。

国家が公共の利益を大義として示しても、個別、具体的に利害にかかわる共同体が納得しない場合もある。たとえば、いわゆる迷惑施設（NIMBY：Not In My Back Yard つまりウチの裏庭にはおかないでね、という意味）を受け入れるかどうかにおいては、その立地や立地周辺の都道府県や市町村、あるいはその中のもっと小さな地域単位にそれぞれ関係があり、利害が相反して対立が生まれることがしばしばである。[140]ここに、国家はどこまでコモンズに介入するのか、介入できるのかという統治の問題が浮かび上がる。

これに関して、宇沢の社会的共通資本の概念を整理しておこう。かれは資本一般を、「生産・消費のプロセスにおいて必要とされるような希少資源のストック」[141]と広く定義し、その上で社会的共通資本を、社会全体にとっての共通の財産、社会的に管理されるものと位置づけた。ここには大気、河川、土壌などの自然資源、道路や橋、港湾などの社会資本[142]、さらには司法・行政制度や管理通貨制度、金融制度、教育制度などの制度資本も含まれる。そしてこれらと私的資本との区別は、社会的に決定されるものとした。

社会的共通資本の概念は、教育制度や政治制度も含むなど扱う範囲が広く、最近では医

140　宇沢自身、成田空港建設をめぐる賛成派と反対派の分裂にコミットし、調停を試みた。

141　宇沢弘文『自動車の社会的費用』（岩波新書、一九七四年、一二〇頁）。宇沢の定義は、アーヴィング・フィッシャーの広義の資本概念を継承している。

142　ただし社会的共通資本のサブカテゴリーとして、社会資本というネーミングは、ややわかりにくく、誤解を招くようにも思われる。

療制度の分析などにも援用されている。しかし社会的費用の分析で示したとおり、重要なのはやはり、道路や橋、港湾などインフラである。これらは空間のなかで物理的に一定範囲の広がりをもつため、都市や地域などの空間経済的な分析にも関わる。宇沢は、ジェイン・ジェイコブズのアメリカ都市論に言及し、人間が歩くのに適した魅力的な都市を保つための条件を紹介した。

ちなみに宇沢は在りし日の教皇ヨハネ・パウロ二世に請《こ》われ、一八九一年の回勅『レールム・ノヴァルム』から一〇〇年後に出す新しい回勅『センテシムス・アヌス』の作成に関わったそうである。宇沢はかつての回勅の副題、「資本主義の弊害と社会主義の幻想」をもじって、「社会主義の弊害と資本主義の幻想」をテーマとすることを提案し、教皇に喜ばれたという。

宇沢は旧東側世界の終末期にあって、それまでに存在していた社会主義体制が、しばしば平等や公正という理念から乖離して全体主義的体制になっていたことを弊害と位置づけ、しかしまた、代替案のないグローバリゼーションへの過剰な期待をも、幻想にすぎないと看破した。宇沢の社会的共通資本の概念は、「社会的なもの」を尊重するという意志に支えられており、第二次世界大戦後すぐのアインシュタインの指摘に通じるものがある。社会性は、国家か市場かという二者択一を解きほぐし、時間的、空間的な多層から成るコモンズを共通資本として活用していく際の重要な軸となるものである。

それからさらに四半世紀以上が経ち、とりわけ二〇一〇年代以降には、世界各地で自然災害が頻繁に起こるようになってきた。度重なる災厄《さいやく》は多分に、従来型の開発による空間利用の結果であり、人災（人的災害）という側面が強い。社会的共通資本の概念は、災害からの復興の局面で何をしてはならないかと考える際に、とても重要なものとなる。

物質世界への対峙

一方、やがて環境経済学の第一人者となる宮本憲一《みやもとけんいち》は、当初は経済理論における社会資本の概念の考察によって、公的な領域を含む人間社会の経済活動と物質世界との関わりに切り込んだ。[143] 戦後の日本において、社会資本の整備が急務とされる一方で、開発の弊害と

143 宮本の『社会資本論』（有斐閣）は初版刊行が一九六七年であり、数年のうちに版を重ねた。批判や概念的な論争もあり、一九七六年に改訂版が刊行されて、二〇〇一年には有斐閣ブックスとして再版されたが、今日では入手は容易ではない。一九六〇年代当時の社会資本論から整理した加藤寛「最近の著書をめぐる社会資本論」（『経済研究』一九六九年七月）が当時の社会資本論をめぐる状況を簡潔に説明している。

しての公害が問題化されつつあった時期のことである。宮本は、社会科学としての経済学の理論的中心課題として、社会資本の概念を検討したのだった。

宮本は、マルクス、ロストウ、アルバート・ハーシュマンらの研究を参照したが、それが後発諸国の工業化という意味での開発・発展に限られた問題系ではないことを強調した。[144]社会資本に関する問題は、所有に関することだけではなく、むしろ労働や消費の際の質料（つまり素材、マテリアル）的な性格から生じている。ここでは、宇沢の社会的共通資本の広い定義とは異なり、医療や教育など制度資本的なものと、インフラなどの物質的なものを区別する。ただし質料的な性格をもつものでも、道路や教育施設、行政や治安施設などは、多くは資本として循環しておらず、資本という呼び方は必ずしも適切ではないと宮本は考えた。

宮本の指摘した問題点は、これら社会資本の質料的部分の建設や維持が国家など公的権力ににぎられていること、それ自体は輸出できないものの、国境を超えた市場の文脈に置かれており、これらをめぐって公的権力が企業のようにふるまうことであった。公的権力は、経済成長の指標を意識して、生産手段の生産を優先させる傾向があり、複数の人びとが享受できるような社会的消費は後回しにされる。この点が国策としての社会資本の整備の根本的な問題であった。現代世界においても、きわめて示唆に富む指摘である。

公害問題はやがて、負の側面だけの強調を是正する意味もあってか、環境問題と位置づけられるようになり、環境経済学は次第に経済学の外部に置かれて、宮本自身も環境経済学の第一人者の一人となっていった。しかしかれの出発点であった社会資本概念は、今日いわれる環境問題が、実は経済学内部の中心的な問題であることを、あらためて喚起しているのである。

原理としてのコモンズ

以上、一九七〇年代以降のコモンズ研究、所有と使用に関する理論的精緻化、社会的費用や社会的共通資本、社会資本などの諸概念の考察を通じて、ここ数百年支配的であったものとは異なるサステイナブルな発展のあり方、つまり人間社会がずっと維持したり持続したりできるような発展のあり方のもとで利用していく空間、場所としての、広義の「コ

144 しかし宮本は同時に、後発国の社会資本建設の真の利益がむしろ、先進国の利益であるという従属理論的な主張も行った。かれは、ロストウがみずからの発展理論である離陸（テイクオフ）理論を展開した頃、アメリカ大統領顧問としてベトナム侵略の戦略を立てていたことを批判している（前掲書、初版、一五七頁）。

モンズ（共有地）」の意味を探ってきた。

ハーディンが一九六八年に指摘したとおり、一定以上の人口増大のもとで、かつての意味でのコモンズが消滅することは、たしかに避けがたい事態である。もしコモンズを共有「資源」として維持、管理することができたとしても、それは手つかずの自然をそのまま保存することと同義ではない。むしろ人間や社会の手が入る方が保全は進められる。サステイナビリティ、持続可能性という概念そのものが、このような見方に立脚している。人間社会の関与の意味を、何らかの形で明確化する必要があるのである。

イリイチは、そのような社会のあり方を示そうとして、熟慮の末に「コンヴィヴィアル」という概念を選んだ。日本語では自立共生的と訳されているが、フランス語ではブリア＝サヴァランの『味覚の生理学』（一八二五年）において、台所関係の技術という意味が与えられ、英語では宴会気分と理解され、スペイン語では節度ある楽しみというニュアンスをもつそうだ。座を同じくして一緒に食べ、ささやかな楽しみのときをともに過ごす、という感じだろうか。

このイリイチの思想に対して、中世への復古にすぎないという批判がある。たしかに狭い地縁共同体への帰属に復古的に戻るだけでは、自然との関わり方についても十分に意識的ではなく、また権力者の圧政や理不尽さに抗ってきた自由主義の功績すらも無に帰すことになるだろう。現代世界において、人びとがある場所でサステイナブルに、コンヴィヴィアルに暮らしてゆくには、たんに今いる場所でささやかに適切に資源を活用して生計を営むというだけでは、おそらく十分ではない。ポランニーの社会的費用概念が示唆したように、社会的承認という意味での政治性・社会性の認識を、概念に付加しておくことが不可欠である。それはどういうことか。

場所、土地への帰属意識は、「土」へ「根づく」という植物的感覚とつながっている。植物が地下へと根を張り、ゆたかな土壌から水分や栄養を吸収して生育していくように、その場所で得られる恵みによって人も生計を立てていく。それは必ずしも個人ではなく、複数の人びとから成る集団としても可能だろう。

ただし、コモンズ研究が明らかにしたとおり、資源はしばしば有限であり、多数で利用すると、頭数で分配した一人当たりの取り分が少なくなる場合も多い。それゆえに、所有権が問題となったのである。ましてや外部からさらに誰かが参入したら、いっそう分け前が少なくなる。場所、土地への帰属意識が、外部からもたらされるもの、異質なものへの排他的な意識にも容易につながり得ることは、後発国であったドイツにおける地理学から地政学、ナチズムへという歴史がすでに明らかにした通りである。

排他的意識は、度を越して合理性を欠いた排除のパニック状態へと滑り落ちる危険をつねに孕《はら》んでいる。それを利用しようとする為政者の戦略もある。そしてまた、コモンズ的な偽装のもとで巨万の富を手にする力も現れやすい。注意深く選り分ける眼の力が必要である。

一〇〇年以上にわたる自由主義経済の発展の歴史が示すとおり、自由にどこかに移動できるという希望は、現実的な実効性はともかく、多くの人びとの生を支えてきた。逆にいえば、コモンズにおいてもまた、自由という契機が保証されることは、その存立・維持の最低条件になるのである。コモン、すなわち「公」的な意識に含まれる「公正」、「正義」の理念を、「自由」の理念が補完する。

コモンズの運営も、メンバーの流出や異質なものの流入を糧にして、新たなあり方を獲得できるかもしれない。コモン（共にあること）の内実は、偶然にその場を共有することになった人びとをも含んで構成され、時間の流れの中で随時、変わっていくものであってよい。ガルトゥングが考察したとおり、いかなる理念であれ、人びとを一様な価値観のもとで束ねようとすれば、異論や多様性を圧迫する構造的暴力となる。異質なものの流入はむしろ、異なる価値観もあると認めて価値自由を獲得する重要な契機となるだろう。人の個性やテンポの多様性、流動性こそが、むしろコモンズの生命線となる。

コモンズを考えることは、大地や海、山、川といった自然の中で人間が営む経済という領域の、したがってまた経済学の領域の広がりの限界、境界を示すことでもある。それはちょうど、社会関係や価値を体現する貨幣が、経済にとって本質的に重要でありながら、経済領域の外側と接しているのと同様である。境界を示せば輪郭を描くことができ、輪郭を描ければ概要をつかむことができる。その上で、経済学は社会の領域全体を飲み込もうなどという身の程を弁えぬ野望は抱かず、その中の一定部分の理性的な運営の仕方を示す社会的な知であることにその本分を見出し、そこに全力で取り組めばよいのである。

*

すでに前章でもみたとおり、一九七〇年代以降の世界はむしろ、貨幣資本への規制を緩和し、経済活動の主軸を次第に金融市場へと移し、コモンズの領域を減退させ破壊する方向へと進展した。経済学は全般的にこれと歩調を合わせ、とにかく開発し成長率を高めるための学問たろうとしてきた。ところが第二部でみたとおり、グローバル化した経済がすべての国、すべての社会、すべての人びとを利する根拠はどこにもなかった。特に経済不況に陥った場合、そのダメージは真っ先に弱い部分を直撃する。ここ数十年はバブルの膨張と崩壊が繰り返され、世界各地で紛争や戦争が勃発し、地震、火山の噴火、台風、さらには気候変動による豪雨等の水害、異常低温や異常高温など、自然災害も多発するようになった。こうした世界規模の災厄によって、経済はその都度、深刻な影響を被り、人びとの暮らしは逼迫《ひっぱく》した。成長を鼓舞するだけではもう何とも立ち行かないという限界に、世界は直面しているのだ。

しかし経済学は、なおも沈黙を続けている。かつて一九世紀の貧困に直面したとき、自由主義の経済学者たちは「氷のように沈黙」していた、そうポランニーが評したのと同様の事態である。一九世紀後半から「自由」か「正義」かの理念をめぐって、理念や価値を論じていた経済学は、次第に正面切っての対立を避けるようになり、学問の中心軸であった「価値」を放擲《ほうてき》し、視野を狭めて小さくまとまり、ごく限定的な問題を解く学問へと堕していった。そして今や「自由」も「正義」も求めなくなり、目的はすでに「所与」だと居直って手段の技巧のみに終始する学問が、解答できる問いを見つけては解答するという空しい作業を続けている。しかし考えてもみてほしい、では、「正しい答え」を示す技術をもつのは、いったい何のためなのだろうか。

もちろん学問は必ずしも何かに直接、役立たなければならないわけではなく、基礎研究は大切である。また昨今の危機的状況は複合的なので、経済領域だけでは何とも解決しがたいことも事実だろう。そもそも、万能薬のような理論があるはずもない。しかしそれでも、このような時代を生きる人びとの不安や閉塞感に対して、せめて何か経済学的見地から、方向性や指針が示されてもよいのではないか。経済学の目的は、たとえ大上段のただ一つのものではないとしても、それぞれの担い手にとっての「所与」であってはならないだろう。理論やモデルを操る高い技術力は、人や社会のために用いてこそ、活きるのではないか。いやしくも「社会」科学を名乗りながら、現代の危機的状況をみずからに無関係だと座視する学問に未来はない。

終わりに

　以上、本書ではカール・ポランニーの思想を軸として、経済学、経済思想が一八八〇年代から現代に至る一四〇年ほどの時代に、「自由」か「正義」かの価値や理念をめぐって論じられてきたこと、自由主義の経済学が科学に追従して次第に変質し、平和や公正などの社会的理念に関しては驚くほど脆弱《ぜいじゃく》な基盤しか持ちえなかったこと、しかしその間に人間の生存や平和に関して、さまざまに体系的な思索がなされたことなどを考察してきた。

冒頭で述べたとおり、生産の増大によるゆたかさの実現をめざした経済学に対抗したのは、まずはおもにマルクスとマルクス主義者たちによる社会主義、共産主義の思想であった。しかし実際に社会主義体制、共産主義体制の諸国家が実現し、また一九九〇年前後に「東」側諸国が大きな体制変化を遂げたことで、理念や思想の考察全般が見通しの悪さに覆われた。本書ではこれを打開する一つの試みとして、ポランニーの思想に着眼した。

　ポランニーはマルクスを読み込み、同時代のマルクス主義者らと交流して、みずから社会主義者を名乗ったが、自由主義経済学からも多くを摂取し継承し、どちらからも一定の距離を保った。また本書の中では、シュンペーター、そしてグラムシの思想も重要な役割を果たしているが、シュンペーターとグラムシもまた、それぞれ別の位相でマルクスやマルクス主義から多くの影響を受け、同時にマルクス批判、マルクス主義批判も行って、一定の距離をとった。しかしかれらの誰も、いわゆる「中立」のために態度や判断を保留してはいなかった。むしろ重要だと思う方向へと徹底的に踏み込み、思考の深みへ降りていって、真髄をつかみとろうと格闘した。およそ何かを徹底的に行う場合には、既存の対立軸の片側、両側を検討するだけでは十分ではない。対立軸を支える基盤自体を疑ってみることをはじめ、「なんでもアリ（anything goes）」と、覚悟を決めてかかる必要がある。

そんな覚悟をもてるのは偉人だけだと思われるだろうか。たしかに死後何十年も経って遠い異国にまで思想が伝わっている人びとは、ただものではないかもしれない。しかしそれでも、一人の人間であったことは間違いない。食べて暮らして、生きて考えたのである。ついでにいえば、ポランニーはみずからの主著『大転換』を、「普通の人のためのマスタープラン（全体計画）」と位置づけていた。普通でない人とは、莫大な資産などによって一生何もしなくても暮らしていける人だそうだ。つまり『大転換』は学者でも金持ちでもなく、普通の人のために書かれたのである。ポランニーが労働者や資本家などの用語をあえて使わなかったところに、考えるヒントがある。フツーのヒト。とらえようによっては、ちょっといい響きではないだろうか。

本書の描いた系譜もまたひとつの系譜にすぎず、他にもいくらでも別の描き方があるだろう。思想の世界は、支持者の数を恃《たの》んで行う政治の世界とは異質である。思想や概念を得て世界の輪郭が以前よりもくっきり見えるなら、それで十分である。よしとする人を集めたり、その数で勝負したりするわけではない。全体を網羅、包括的になどと体系性を求めると、どこかに無理や虚偽が生じてくる。思想は部分であるからこそ根本的、つまりラディカルでいることができる。

*

経済とは結局どんな時代にも、ひとが大地や海辺のそこここで群れをつくり、街をつくり、ものをつくって、食べたり生きたりすることを支える営みであり続けてきた。ただ近年には、科学技術はなお進展を続けているものの、人間によって改変された物質世界からの警告が自然現象の災厄となってあらわれ、人間世界全体を根本から揺るがすようになってきた。またそれは食べることを介し、人間自身のからだにまで及んでいる。

「人間が汚した土地だろう。どこへ行けというんだ」。そう語る牛飼いアルカジイ・ナボーキンの住まい、静謐《せいひつ》で美しい村は、拭い去ることのできない汚れにまみれ、地図から消された。本橋成一《もとはしせいいち》氏が一九八六年のチェルノブイリの原子力発電所事故の後、映画を撮るきっかけになったのが、この言葉であったという。避難せよと指示されて消された村に住み続け、経済価値のなくなった牛たちと暮らし続けるナポーキンに対して、批判や中傷もあっただろう。しかしそこに生き続けることは、かれの静かな怒りと抵抗の表明であり、変わらぬ日常でなければならなかった。もちろんそれは、避難した人を責めるためではまったくない。

大気や空や海に国境はなく、降る日も照る日もある。汚れはその地ばかりでなく、長期にわたって少しずつ国境を越えて拡散し、やがて遠い場所の土や人びと、家畜や動物、魚たちの身体、また根を通じて植物や作物の中にも堆積した。ヨーロッパの人びとは数値を測定し、食べ物の安全性について考え始めた。だがその話が日本に広く伝わるのは、それから四半世紀後、二〇一一年三月一一日以降のことである。今や福島・浪江《なみえ》で別の牛飼いが、ナポーキンと同じようにその地に踏みとどまり、現在も格闘の生を生きている。

科学技術がどんなに発展しても、それは人間が生み出したものであり、その意味においては人間が主体となって利用する以外のものではありえず、人間の手を完全に離れることはない。そして生きている人間が関わることがらに、完全や絶対は、絶対にありえない。たしかに科学は完全無欠をめざしてきた。だから放射性物質も、完全に管理できれば素晴らしい恵みを人間にもたらすのかもしれない。しかし、そもそも人間に完全性を期待してはならないのだ。もし逆に、人間の方がエラー因子なのだととらえるまでになるとすれば、それはもはや科学への倒錯した信仰でしかないだろう。

ものすごいスピードで進展する科学技術に追い立てられ、近視眼的に慌てて対応することはない。数千年の人類史を俯瞰《ふかん》する歴史学、人類学などの考察も視野に、経済を考える時間軸をぐっと長めにとることはたしかに大切である。しかし、たった数十年の一人の生、せいぜい一〇〇年、二〇〇年をどうするかは、誰にとっても喫緊《きっきん》の課題である。さすがにそろそろ立ち止まる勇気をもたなければならないのではないだろうか。激動の時代になお這《は》いつくばるようにして考えた人びとの強さを、何とか引き継ぐ勇気をもちたいと願う。われらのポランニーが言うとおり、細かいことは科学にまかせ、科学的知識に頼ってもよいが、肝心の大事なことについては、人間や社会の日常的な身体感覚に尋ねなければならないのである。決してその逆ではない。侮《あなど》れば身体や物的世界からの復讐のように、生命の危機に怯える事態が生じるのである。

二〇二〇年は、近年の度重なる災厄に新型コロナウイルスによる感染症の世界的大流行も加わり、従来どおりのルールややり方がまったく通用しない現実が突きつけられている。展望を開くのはきわめて難しい。しかしそれでも、人びとが食べて生きていくために大切なことは、そんなに大きく変わらないはずだ。人間の社会性は、手放してはならない命綱である。

＊

実は本書には意外と時間がかかっている。編集者の山﨑比呂志さんに初めてお目にかかったのは二〇一三年の冬の終わり頃であった。その夏、院生たちとアイオワ州立大学の図書館の片隅で、マーガリン論争の史資料を繙《ひもと》いた（いや実際にはスキャナーを担いで出かけ、朝から晩まで撮りまくった）。二〇一四年秋、父の死で心が崩れかけたが、直後に出席を予定していた国際ポランニー会議の主宰者らが、ペーパーは完成しなくてもいいからおいでよと声をかけてくれた。ありがたくて、涙がこぼれた。自分の報告も他の人びとの話も、ほとんど内容が頭に入らなかったが、とにもかくにも研究活動を再開した。二〇一五年晩秋、セネガルからヒップホッパーにして社会運動集団ヤナマール（Y'en a Marre）を率いるクルギ（Keur Gui）を、同僚と一緒に招聘《しょうへい》した。クルギは「もううんざりだ」という名の社会運動を、うんざりせずに行っていた。ステージで跳ね回る若いかれらとともに福島や沖縄を訪ね、破局後の世界を何度も議論した。かれらが発した宝物のような言葉に、目の回る忙しさもふっとんで報われた。そしてそんな二〇一六年、山﨑さんから受けた依頼は、「著者なりの経済思想の教科書」だったのである。

根が真面目なわたくしは（ぷっ）「教科書」という言葉を真に受け、ガラにもなく良質の優等生の教師面を保とうとして、苦闘しながらどんどん誤った方向へと進んでいった。今から思えば、無謀で不毛な試みであったが、教師となると中立幻想からなかなか自由になれなかったのは、わが弱さに違いない（「先生が中立だったこと、あるのか？」と笑うゼミ生諸氏の声が聞こえる）。カッコよく偏《かたよ》って「不良」のスタンスをとるには、筆者は奥手で間抜けで、不器用だった。そもそも人間類型の「フマニタス（人間中心主義のヒューマニスト）」と「アントロポス（それに抗う者）」の区分、それとホモ・エコノミクスの関係をつきつめて考えたいとして出発したはずが、いつか経済学の優等生的圧力の呪縛にとらわれ、うかつにも出発点を見失っていたのだった。うひゃっ。間抜けの本領発揮だが、苦しい出来の草稿を何度も読んで、いつも勇気づけてくださり、原稿完成に至るまで丁寧に手を入れてくださった山﨑さんには、本当にすっかりご迷惑をおかけしてしまった。ようやくここまで辿り着き、感謝の表しようもない。たいへんお世話になりました。ありがとうございました。

多くの人名や考え方を検討したが、期待したのに出てこなかった名前をいくつも挙げる読者諸氏もいるかもしれない。申し訳ないことだが、筆者の一存で取捨選択を行い、一定の文脈を作って、そのなかに置かせていただいた。オールマイティの偽装をするつもりはまったくない。生半可な理解になっているところ、事実認識その他の誤りについては、（できればそっと）ご指摘いただけたらありがたいと願っている。

二〇二〇年　五月

中山智香子

参考文献

（本文中に出てくるものは省略）

アリギ、G.『北京のアダム・スミス――21世紀の諸系譜』（中山智香子監訳、上野友也・太田悠介・大槻忠史・小川昴子訳、作品社、二〇一一年）

伊藤邦武『経済学の哲学――19世紀経済思想とラスキン』（中公新書、二〇一一年）

今福龍太『宮沢賢治――デクノボーの叡知』（新潮選書、二〇一九年）

イリイチ、I.『コンヴィヴィアリティのための道具』（渡辺京二・渡辺梨佐訳、ちくま学芸文庫、二〇一五年）

ウォーラーステイン、I.&バリバール、E.『人種・国民・階級――「民族」という曖昧なアイデンティティ』（若森章孝・岡田光正・須田文明・奥西達也訳、唯学書房、二〇一四年）

尾近裕幸・橋本努編著『オーストリア学派の経済学――体系的序説』（日本経済評論社、二〇〇三年）

カー、E.H.『危機の二十年――理想と現実』（原彬久訳、岩波文庫、二〇一一年）

河邑厚徳他『エンデの遺言――根源からお金を問うこと』（講談社＋α文庫、二〇一一年）

斎藤修『環境の経済史――森林・市場・国家』（岩波現代全書、二〇一四年）

サヴァネ、V.&マケベ・サル、B.『ヤナマール――セネガルの民衆が立ち上がるとき』（真島一郎監訳・解説、中尾沙季子訳、勁草書房、二〇一七年）

塩野谷祐一『シュンペーター的思考――総合的社会科学の構想』（東洋経済新報社、一九九五年）

多木浩二『生きられた家――経験と象徴』（新訂版、青土社、二〇一九年）

玉野井芳郎『エコノミーとエコロジー――広義の経済学への道』（みすず書房、二〇〇二年）

玉村豊男『料理の四面体』（中公文庫、二〇一〇年）

千葉保監修『コンビニ弁当16万キロの旅――食べものが世界を変えている』（太郎次郎社エディタス、二〇〇五年）

デイル、G.『カール・ポランニー伝』(若森みどり・若森章孝・太田仁樹訳、平凡社、二〇一九年)
トライブ、K.『経済秩序のストラテジー——ドイツ経済思想史1750—1950』(小林純・手塚真・枡田大知彦訳、ミネルヴァ書房、一九九八年)
中村隆之『野蛮の言説——差別と排除の精神史』(春陽堂ライブラリー、二〇二〇年)
中山智香子『経済ジェノサイド——フリードマンと世界経済の半世紀』(平凡社新書、二〇一三年)
西川潤『経済発展の理論』(第二版、日本評論社、一九七八年)
『新・世界経済入門』(岩波新書、二〇一四年)
濱田武士『魚と日本人——食と職の経済学』(岩波新書、二〇一六年)
針谷勉『原発一揆——警戒区域で闘い続ける〝ベコ屋〟の記録』(サイゾー、二〇一二年)
フランク、A.G.『リオリエント——アジア時代のグローバル・エコノミー』(山下範久訳、藤原書店、二〇〇〇年)
辺見庸『もの食う人びと』(角川文庫、一九九七年)
ポーター、T.M.『数値と客観性——科学と社会における信頼の獲得』(藤垣裕子訳、みすず書房、二〇一三年)
ポランニー、K.『経済の文明史』(玉野井芳郎・平野健一郎編訳、ちくま学芸文庫、二〇〇三年)
峯陽一『2100年の世界地図——アフラシアの時代』(岩波新書、二〇一九年)
ミンツ、S.W.『甘さと権力——砂糖が語る近代史』(川北稔・和田光弘訳、平凡社、一九八八年)
メルツ、E.『シュムペーターのウィーン——人と学問』(杉山忠平監訳、中山智香子訳、日本経済評論社、一九九八年)
八木紀一郎『ウィーンの経済思想——メンガー兄弟から20世紀へ』(MINERVA人文・社会科学叢書、二〇〇四年)
ラトゥーシュ、S.『〈脱成長〉は、世界を変えられるか?——贈与・幸福・自律の新たな社会へ』(中野佳裕訳、作品社、二〇一三年)
ラートカウ、J.『自然と権力——環境の世界史』(海老根剛・森田直子訳、みすず書房、二〇一二年)

講談社現代新書　2596

経済学《けいざいがく》の堕落《だらく》を撃《う》つ——「自由《じゆう》」vs「正義《せいぎ》」の経済思想史《けいざいしそうし》

二〇二〇年一一月二〇日第一刷発行

著　者　中山智香子《なかやまちかこ》

発行者　渡瀬昌彦
発行所　株式会社講談社
東京都文京区音羽二丁目一二―二一　郵便番号一一二―八〇〇一
電　話　〇三―五三九五―三五二一　編集（現代新書）
〇三―五三九五―四四一五　販売
〇三―五三九五―三六一五　業務
装幀者　中島英樹
印刷所　株式会社新藤慶昌堂
製本所　株式会社国宝社
定価はカバーに表示してあります　Printed in Japan

N.D.C. 309　277p　18cm
ISBN978-4-06-521953-9

「講談社現代新書」の刊行にあたって

教養は万人が身をもって養い創造すべきものであって、一部の専門家の占有物として、ただ一方的に人々の手もとに配布され伝達されうるものではありません。

しかし、不幸にしてわが国の現状では、教養の重要な養いとなるべき書物は、ほとんど講壇からの天下りや単なる解説に終始し、知識技術を真剣に希求する青少年・学生・一般民衆の根本的な疑問や興味は、けっして十分に答えられ、解きほぐされ、手引きされることがありません。万人の内奥から発した真正の教養への芽ばえが、こうして放置され、むなしく滅びさる運命にゆだねられているのです。

このことは、中・高校だけで教育をおわる人々の成長をはばんでいるだけでなく、大学に進んだり、インテリと目されたりする人々の精神力の健康さえもむしばみ、わが国の文化の実質をまことに脆弱なものにしています。単なる博識以上の根強い思索力・判断力、および確かな技術にささえられた教養を必要とする日本の将来にとって、これは真剣に憂慮されなければならない事態であるといわなければなりません。

わたしたちの「講談社現代新書」は、この事態の克服を意図して計画されたものです。これによってわたしたちは、講壇からの天下りでもなく、単なる解説書でもない、もっぱら万人の魂に生ずる初発的かつ根本的な問題をとらえ、掘り起こし、手引きし、しかも最新の知識への展望を万人に確立させる書物を、新しく世の中に送り出したいと念願しています。

わたしたちは、創業以来民衆を対象とする啓蒙の仕事に専心してきた講談社にとって、これこそもっともふさわしい課題であり、伝統ある出版社としての義務でもあると考えているのです。

一九六四年四月　野間省一

経済・ビジネス

350 経済学はむずかしくない〈第2版〉——都留重人
1596 失敗を生かす仕事術 畑村洋太郎
1624 企業を高めるブランド戦略——田中洋
1641 ゼロからわかる経済の基本——野口旭
1656 コーチングの技術——菅原裕子
1926 不機嫌な職場——高橋克徳 河合太介 永田稔 渡部幹
1992 経済成長という病——平川克美
1997 日本の雇用——大久保幸夫
2010 日本銀行は信用できるか 岩田規久男
2016 職場は感情で変わる 高橋克徳
2036 決算書はここだけ読め！——前川修満
2064 決算書はここだけ読め！キャッシュ・フロー計算書編 前川修満
2125 ビジネスマンのための「行動観察」入門 松波晴人
2148 経済成長神話の終わり アンドリュー・J・サター 中村起子 訳
2171 経済学の犯罪——佐伯啓思
2178 経済学の思考法——小島寛之
2218 会社を変える分析の力 河本薫
2229 ビジネスをつくる仕事 小林敬幸
2235 20代のための「キャリア」と「仕事」入門——塩野誠
2236 部長の資格——米田巖
2240 会社を変える会議の力 杉野幹人
2242 孤独な日銀——白川浩道
2261 変わった世界 変わらない日本——野口悠紀雄
2267 「失敗」の経済政策史 川北隆雄
2300 世界に冠たる中小企業 黒崎誠
2303 「タレント」の時代——酒井崇男
2307 AIの衝撃——小林雅一
2324 〈税金逃れ〉の衝撃 深見浩一郎
2334 介護ビジネスの罠——長岡美代
2350 仕事の技法——田坂広志
2362 トヨタの強さの秘密 酒井崇男
2371 捨てられる銀行——橋本卓典
2412 楽しく学べる「知財」入門——稲穂健市
2416 日本経済入門——野口悠紀雄
2422 捨てられる銀行2 非産運用——橋本卓典
2423 勇敢な日本経済論——髙橋洋一 ぐっちーさん
2425 真説・企業論——中野剛志
2426 東芝解体 電機メーカーが消える日 大西康之

政治・社会

哲学・思想I

哲学・思想Ⅱ

世界史Ⅰ

世界史Ⅱ

959 東インド会社――浅田實
971 文化大革命――矢吹晋
1085 アラブとイスラエル　高橋和夫
1099 「民族」で読むアメリカ　野村達朗
1231 キング牧師とマルコムX　上坂昇
1306 モンゴル帝国の興亡〈上〉――杉山正明
1307 モンゴル帝国の興亡〈下〉――杉山正明
1366 新書アフリカ史――宮本正興 松田素二 編
1588 現代アラブの社会思想　池内恵
1746 中国の大盗賊・完全版――高島俊男
1761 中国文明の歴史――岡田英弘
1769 まんが パレスチナ問題　山井教雄
1811 歴史を学ぶということ　入江昭
1932 都市計画の世界史――日端康雄
1966 〈満洲〉の歴史――小林英夫
2018 古代中国の虚像と実像　落合淳思
2025 まんが 現代史――山井教雄
2053 〈中東〉の考え方――酒井啓子
2120 居酒屋の世界史――下田淳
2182 おどろきの中国　橋爪大三郎 大澤真幸 宮台真司
2189 世界史の中のパレスチナ問題　臼杵陽
2257 歴史家が見る現代世界　入江昭
2301 高層建築物の世界史　大澤昭彦
2331 続 まんが パレスチナ問題　山井教雄
2338 世界史を変えた薬　佐藤健太郎
2345 鄧小平――エズラ・F・ヴォーゲル 聞き手＝橋爪大三郎
2386 〈情報〉帝国の興亡――玉木俊明
2409 〈軍〉の中国史――澁谷由里
2410 入門 東南アジア近現代史　岩崎育夫
2445 珈琲の世界史――旦部幸博
2457 世界神話学入門――後藤明
2459 9・11後の現代史　酒井啓子

日本史Ⅱ